AUF Deutsch!

ROSI McNAB

Heinemann

Heinemann Educational Publishers,
Halley Court, Jordan Hill, Oxford OX2 8EJ
a division of Reed Educational & Professional
Publishing Limited

OXFORD FLORENCE PRAGUE
MADRID ATHENS MELBOURNE
AUCKLAND KUALA LUMPUR SINGAPORE
TOKYO IBADAN NAIROBI KAMPALA
JOHANNESBURG GABORONE
PORTSMOUTH NH (USA) CHICAGO
MEXICO CITY SAO PAOLO

First published 1996

00 99 98 97 96
10 9 8 7 6 5 4 3 2 1

A catalogue record is available for this book
from the British Library on request.

ISBN 0 435 38698 0

Produced by Ken Vail Graphic Design

Illustrations by Sarah Colgate, Nick Duffy,
Debbie Hinks, Tim Kahane, Pauline Little,
Geo Parkin, Sylvie Poggio Illustration
(Lisa Smith), Tony Randell, Martin Sanders,
Ken Vail Graphic Design (Andrew Sharpe).

Cover photo by Robert Harding Picture Library

Reproduced by Monarch Lithogravure Ltd Bristol

Printed and bound in Spain by Mateu Cromo

Inhalt

(letters refer to Areas of Experience)*

Berufe und Berufswünsche

A Was sind sie von Beruf?

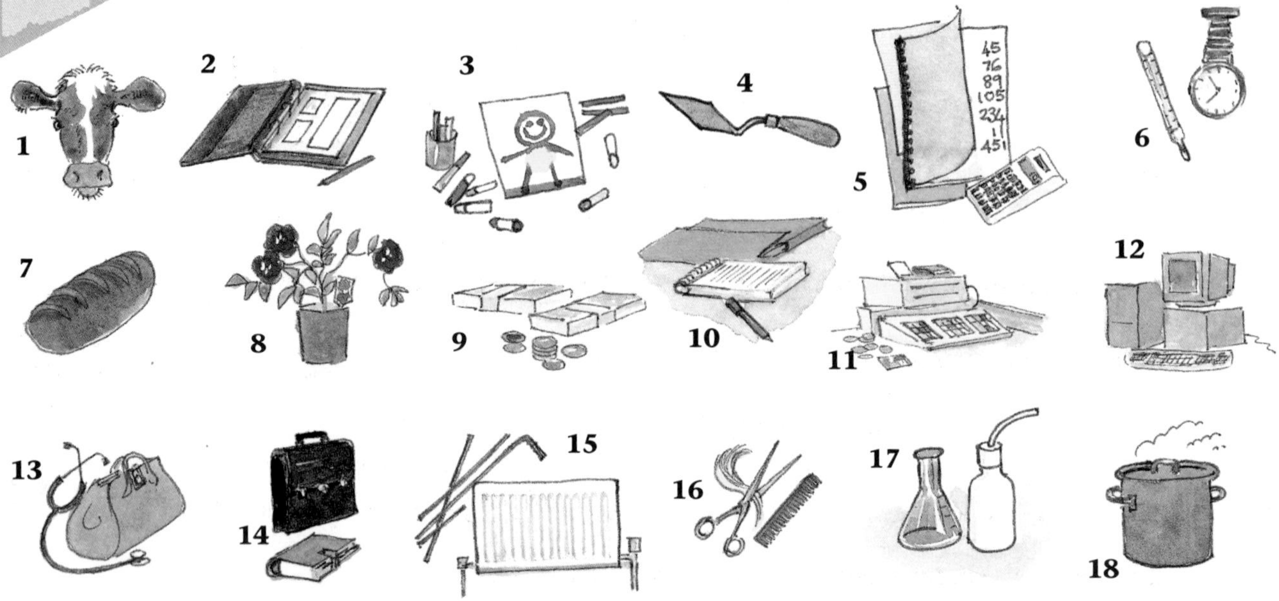

Arzt	**Fr**iseurin	**Kr**ankenpfleger
Bäcker	**G**ärtnerin	**Lab**orantin
Bankangestellter	**Gr**aphikerin	**Land**wirt
Bürokaufmann	**H**eizungsinstallateur	**S**ekretärin
Bauarbeiter	**Kin**dererzieherin	**Ver**käuferin
Computerprogrammierer	**Kö**chin	**Wi**rtschaftsprüfer

1a Zu zweit. Welche Berufe sind das? z.B.

A: Nummer eins?
B: Landwirt. Nummer zwei?
A: Ich weiß es nicht.
Wie heißt „Kaufmann" auf englisch?
B: Ich weiß es auch nicht.
Schau mal im Wörterbuch nach.

Männer ... und Frauen

Maskulinum	**Femininum**
K**o**ch	K**ö**ch**in**
Verkäufer	Verkäufer**in**
Angestellt**er**	Angestellt**e**
Arzt	**Ä**rzt**in**
Beamt**er**	Beamt**in**
Geschäfts**mann**	Geschäfts**frau**

Er ist arbeitslos. Sie arbeitet halbtags.
Er arbeitet selbständig. Meine Mutter ist Hausfrau.

Im Freien arbeiten	Mit Pflanzen oder Tieren umgehen	Mit Menschen zu tun haben	Körperlich tätig sein	Gestalterisch arbeiten	Handwerklich arbeiten	Auf technischem Gebiet arbeiten	Im Büro arbeiten

1b Hör zu! Habt ihr das richtig gemacht?

1c Finde noch fünf Berufe heraus. z.B.

A: „Radiographer?"
Wie heißt das auf deutsch?
A: Ich kann es nicht finden.

B: Keine Ah
B: Laß mal

1d Hör zu! Was sind ihre Eltern von Beruf? (10)

z.B. 1 Sein/Ihr **V**ater ist ... Seine/Ihre **M**utter i

Wie bitte? Noch mal bitte! Ich we... nicht, was er/sie gesagt hat.

Er/Sie sprach zu schnell. Ich kenne das Wort nicht. Wie heißt ... auf englisch?

Wie schreibt man das?

1e Zu zweit. Stellt die Fragen:
Was ist dein Vater/deine Mutter von Beruf?

Mein/Dein/Sein/Ihr Vater	ist ...
Meine/Deine/Seine/Ihre Mutter	arbeitet als ...

2a Zu zweit. Findet einen Beruf für jeden Arbeitsplatz.

z.B. Der Bäcker arbeitet in einer Bäckerei.

die **Bä**ckerei die **Bank** das **Bü**ro
der Bauern**hof** die **Bau**stelle die **F**abrik die **Feu**erwehr
die **Gä**rtnerei das **G**eschäft die **Kl**inik das **Kr**ankenhaus
das **Lab**or die **P**ost das **R**estaurant der **Sal**on
die **Sch**ule das **St**udio die **W**erkstatt

	Maskulinum	**Femininum**	**Neutrum**
Er/Sie arbeitet	in eine**m** Laden auf eine**m** Bauernhof bei**m** Rettungsdienst	in eine**r** Bäckerei auf eine**r** Baustelle bei de**r** Feuerwehr	in eine**m** Geschäft in eine**m** Hotel bei**m** Arbeitsamt

2b Hör zu! Wo arbeiten unsere Eltern? (1–8)

z.B. (Bü) Sein/Ihr Vater arbeitet in einem Büro.

2c Zu zweit. Stellt euch gegenseitig die Fragen:
Wo arbeitet dein Vater/deine Mutter? — Er/Sie arbeitet ...
Wo würdest du gern später arbeiten? — Ich würde gern ... arbeiten.
Welche Interessen hast du? (Siehe die Bilder unten an.) — Ich möchte im Freien arbeiten usw.

Anderen helfen	Maschinen zusammenbauen /reparieren	Mit Metall umgehen	Mit Elektrizität, Elektronik zu tun haben	Mit Baumaterialen umgehen	Im Labor arbeiten	Mit Computern arbeiten	Mit Lebensmitteln zu tun haben
			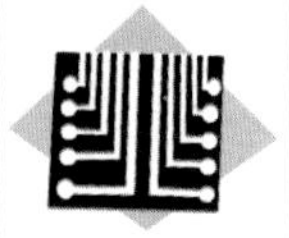				

A Was sind sie von Beruf?

3a Hör zu!

i. Was sind sie von Beruf?

Frau Müller

Herr Hartisch

Frau Grünwald

Frau Schwarz

Polizist
Köchin
Maurer
Modedesignerin
Fotolaborantin

Herr Sorger

ii. Wie finden sie ihre Arbeit?

z.B. Herr X ist … . Er findet die Arbeit interessant.

a langweilig
b es geht
c anstrengend
d interessant
e gefährlich
f es macht Spaß
g kreativ
h spannend
i schrecklich
j O.K.
k gut bezahlt
l vielseitig
m abwechslungsreich

3b Zu zweit. Wie findet ihr die Arbeit?

z.B. A: Modedesigner? B: Macht Spaß.

Modedesigner(-in)	**Gä**rtner(-in)	**For**mell-1-Fahrer(-in)
Fotolaborant(-in)	**La**stwagenfahrer(-in)	**Be**rgmann
Friseur(-in)	**Za**hntechniker(-in)	**Po**litiker(-in)
Bankkaufmann/kauffrau	**Ti**schler(-in)	**Fi**lmkritiker(-in)
Altenpfleger(-in)	**Pro**grammierer(-in)	**Ko**ch/**Kö**chin

3c Hör zu! Wie finden sie die Berufe? (1–15)

z.B. 1 Mo, a

4a Wo arbeiten unsere Eltern?

Klasse 9b	Vater		Mutter	
Büro	/////	/	//	
Geschäft	///		////	
Friseursalon	/		//	
Baustelle	////			
Werkstatt	///		/	
Gärtnerei			//	
Schule	/		//	
anderes	////		/////	/
arbeitslos	///		/////	/

Sieh das Schaubild an und schreib einen Bericht.

Es gibt	… Väter/Mütter, die … arbeiten. einen Vater, der … arbeitet. eine Mutter, die … arbeitet.

4b **i.** Mach eine Umfrage in deiner Klasse, zeichne ein Schaubild und schreib einen Bericht.

ii. Vergleich deine Ergebnisse mit den Ergebnissen der Klasse 9b.

iii. Nimm den Bericht auf Kassette auf. Achte auf die Reihenfolge!

In unserer Klasse gibt es mehr/weniger …, die (im Freien) arbeiten.

Verb: sein = *to be*

Präsens

ich bin = *I am* — wir sind = *we are*
du bist = *you are* — ihr seid = *you are*
er ist = *he is* — sie sind = *they are*
sie ist = *she is* — Sie sind = *you are*
es ist = *it is*

Es wäre gut, wenn … = *It would be good if …*

Futur: ich werde … sein = *I will be …*
Perfekt: ich bin … gewesen = *I have been/I was*
Präteritum: ich/es war = *I was/it was*

Fragen: Bist du? Sind Sie? = *Are you?*

Imperativ: Sei/Seid … !/Seien Sie … ! = *Be … !*
Sei mir nicht böse! = *Don't be cross with me!*
Seid nicht so laut. = *Don't be so noisy.*

Bericht über ein Praktikum in einer Werkstätte für Behinderte

Nina Steinmetz

Angestellte

1 Krankengymnastin
2 Turnlehrerinnen
1 Psychologe
1 Zivildienstleistender
1 Arzt
3 Pflegerinnen

Üblicher Tagesablauf

8.00 Uhr Beginn
9.30 Uhr Frühstückspause
11.00 Uhr Mittagessen für Nichtselbständige
11.30 Uhr Mittagessen für Selbständige
14.30 Uhr Kaffeepause
16.00 Uhr Schluß

Tagesbericht

Zu Beginn des Tages spielte ich meistens ein Lesespiel oder machte Leseübungen mit Irene, die geistig behindert ist.

Kurz vor der Frühstückspause mußte ich die Rollstuhlfahrerin Andrea von ihrem Arbeitsplatz abholen und sie in den Speisesaal fahren. Da sie nicht selbständig essen konnte, mußte ich das Essen kleinschneiden und sie füttern. Danach mußte ich mit Andrea auf die Toilette gehen, weil man einen Hebekran benutzte, um sie vom Rollstuhl auf die Toilette zu heben. Um 10.30 Uhr brachte ich sie in den Turnraum. Hier machte sie verschiedene Übungen mit der Krankengymnastin, und um 11.00 Uhr fuhr ich sie wieder in den Speisesaal zum Mittagessen und fütterte sie schon wieder.

Nach dem Mittagessen fuhr ich mit der Arbeitstrainingsgruppe in ein Schwimmbad. Dort mußte ich mit Andrea, die mit einem Schwimmring um den Hals aufs Wasser gelegt wurde, einige Runden drehen. Als alle Wasserratten genug gehabt hatten, fuhren wir um 14.45 Uhr zur WfB zurück. Danach half ich einigen Behinderten bei der Arbeit, bis es schließlich 15.40 Uhr war und ihr Arbeitstag zu Ende war. Um 15.40 Uhr wurden alle Behinderten mit Kleinbussen abgeholt, und 20 Minuten später wurden auch wir entlassen.

- Wo hat Nina ihr Betriebspraktikum gemacht?
- Was hat sie gemacht?

B Freizeit … oder Job?

Eigenschaften und …

1a Zu zweit. Findet Gegensatzpaare. z.B. klein – groß

Kennst du ein Wort nicht?

aktiv ernst faul geschwätzig glücklich interessant klein laut nervös schlechter Laune schwach süß unfreundlich unpünktlich unsportlich unternehmungslustig

fleißig freundlich groß langweilig guter Laune lustig müde pünktlich ruhig sauer schüchtern selbstbewußt sportlich stark traurig vorsichtig

1b Zu zweit. Könnt ihr euch drei weitere Gegensatzpaare ausdenken?

1c Satzbildung. Wie sieht es bei dir aus? Vervollständige die Sätze. Achte auf die Reihenfolge!

●	▲	
Ich	bin	immer …
Meistens	▲ bin	● ich …

ab und zu = *from time to time*
ganz = *quite*
immer = *always*
manchmal = *sometimes*
meistens = *mostly*
nie = *never*
oft = *often*
ziemlich = *rather*

i. Ab und zu **bin** ich …
ii. Meistens **bin** ich …
iii. Ich bin ziemlich …
iv. Ich bin immer …
v. Manchmal **bin** ich …
vi. Ich bin oft …
vii. Ich bin ganz …
viii. Ich bin nie …

1d Zu zweit. Vergleicht eure Listen.

A: Ich bin lieb, lustig, unternehmungslustig und fleißig.
B: Falsch! Du spinnst! Du bist böse, langweilig, vorsichtig und faul!

1e i. Wähl acht Eigenschaften aus und finde eine Persönlichkeit für jede Eigenschaft. Mach eine Liste.

z.B. Arnold Schwarzenegger ist stark.

ii. Zu zweit. Vergleicht eure Listen.

Das stimmt/Das stimmt nicht.

... Interessen

mit den Händen:

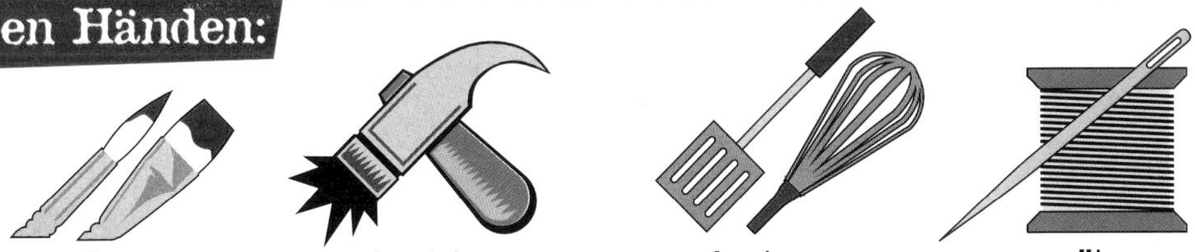

malen — **ba**steln — **ko**chen — **nä**hen — anderes

Kulturelles:

Musik hören — **le**sen — ins **Th**eater gehen — ins **Ki**no gehen — anderes

Hobbys:

Videospiele spielen — **win**dsurfen — **Spo**rt treiben — **rad**fahren — **rum**hängen — anderes

Generelles:

aktiv sein — mit **Fr**eunden zusammen sein — **Spaß** haben — **faul**enzen — anderes

2a Zu zweit. Was macht ihr gern, und was macht ihr nicht so gern? Stellt euch gegenseitig Fragen:

z.B. Malst/Gehst/Spielst/Liest/Fährst usw. du gern (...)?
Bist du gern aktiv? Faulenzt du gern? usw.

2b Hör zu! (1–6)

i. Was machen sie gern, und was machen sie nicht gern?
ii. Mit wem würdest du am besten auskommen? Warum?

z.B. Mit ..., weil er/sie auch (gern Musik hört; sportlich/faul ist).

Susanne
Katja
Thomas
Christian
Carima
Uwe

2c Was für eine Person bist du? Stell dich vor.

z.B.
- Ich (bastle) gern ...
- Ich gehe lieber (schwimmen) als (windsurfen).
- Am liebsten (koche) ich ...
- Ich interessiere mich sehr für (Musik).
- Meine Lieblingsfreizeitbeschäftigung ist (Computerprogrammieren).

B Freizeit ... oder Job?

JOBBEN UND TASCHENGELD

Ich trage Zeitungen aus. **Mehmet**

Ich helfe im Haushalt. Ich putze, räume die Spülmaschine aus, usw. **Kathrin**

Ich helfe meinem Vater und meiner Mutter auf dem Bauernhof. **Thorsten**

Ich jobbe als Babysitter. **Ayfer**

Ich arbeite als Kellnerin in einem Restaurant. **Natalie**

Ich arbeite im Supermarkt. **Serpil**

Ich verkaufe Gemüse auf dem Markt. **Volker**

Ich mache mein Bett und räume mein Zimmer auf. **Matthias**

Ich wasche Autos. **Andrea**

Ich? Ich mache nichts! **Stefanie**

3a Hör zu! Wer spricht? Was machen sie, um Geld zu verdienen? Wieviel bekommen sie? Machen sie das gern oder nicht? Mach Notizen und schreib sie später richtig auf. (1–8)

z.B. 1 Natalie, Kellnerin, 40 DM ✔

3b Zu zweit: Interviewt euch gegenseitig.

Hast du einen Job?
Nein.
Ja. Ich arbeite in/auf usw. ...
Hilfst du im Haushalt?
Ja.
Nein.
Was machst du?
....
Wieviel verdienst du?
Bekommst du Geld dafür?
Geben dir deine Eltern Taschengeld?
Ich bekomme ... wöchentlich/monatlich/ab und zu.
Was machst du mit dem Geld?
Ich kaufe Kleidung/Schulsachen/Imbisse/CDs/Zeitschriften.
Ich gehe ins Kino.
Ich spare für die Ferien/für Computerspiele/für Kleidung/für die Fahrschule.

3c Hör zu! Wieviel Geld bekommen sie? Wofür geben sie das Geld aus? (1–8)

z.B. 1 40 DM monatlich. Kleidung/Imbisse.

3d Gib einen kurzen Bericht über 3b und nimm ihn auf!

Ich mache ...; bekomme ...; kaufe ...; spare ....
Mein Partner/Meine Partnerin macht ...; bekommt ...; kauft ...; spart ....

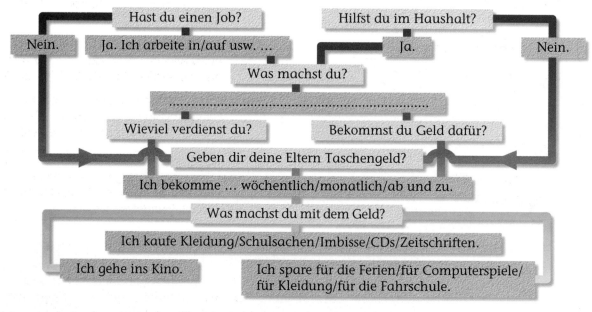

Hast du einen Job?

Viele Schüler nützen ihre Freizeit, um Geld zu verdienen. Wer noch keine 15 Jahre alt ist, darf aber keinen Job annehmen. Die meisten jobben als Zeitungsjunge oder Babysitter, sie arbeiten in Geschäften, sie tragen Werbezeitungen aus und spülen in Bars und Cafés. Sie sparen für die Ferien, ein Mofa oder einen CD-Spieler oder etwas Ähnliches, aber es wird immer schwieriger, eine Teilzeitarbeit zu finden.

Man kann vielleicht in einem Supermarkt oder an einer Tankstelle helfen, und wenn man auf dem Lande wohnt, kann man vielleicht auf einem Bauernhof oder bei einer Reitschule Arbeit finden. Eine große Auswahl an Jobs gibt es nicht, aber viele Schüler wollen eine Arbeit finden, um unabhängiger von den Eltern zu werden.

1 Berufe und Berufswünsche

4 Für die Klassenzeitung: Wähl eine Aufgabe aus.

a Mach auf englisch eine Zusammenfassung von dem Text.
b Schreib einen Artikel – „Jobben".
c Beschreib deinen Job.
d Beschreib den Job, den du gern machen würdest.

1

5a Hör zu! Für welchen Job melden sie sich? Warum? (1–8)

z.B. 1 g, hat Kinder gern

5b Du brauchst dringend Geld. Welchen Job würdest du machen?

a **Freibad Walddorf** sucht jungen Mann oder junge Frau: Schlüssel ausgeben, Abfälle wegräumen und Boden putzen. 14.00–18.00 Uhr, nur bei gutem Wetter. 20 DM, Herr Grünbaum

b **Auf dem Marktplatz** Broschüren ausgeben – dienstags bis freitags 14–18 Uhr samstags 10–14 Uhr. Gut bezahlt. Melden Sie sich bei Hans Werthold, Bildamarkt.

c **Schnellimbiß** sucht jemanden, der Tische abräumt. 14.00–18.00 Uhr 15 DM, Ißtgut, Bahnhofplatz

d **Gasthaus** braucht Hilfe: Betten beziehen und Tische abräumen, sa–so 8.00–14.00 Uhr, 20 DM. Frau Winkelmann, Gasthaus zum Stern

e **Frau Franz** braucht Hilfe im Garten – Rasenmähen und Pflanzengießen, drei Stunden dreimal wöchentlich, 15 DM, Brünnenstraße 42

f **Garage** braucht zwei Jungen zum Autowaschen und Putzen. Stein Autos, Bahnhofstraße 14.00–18.00 Uhr, 25 DM

g **Mutter** mit jungen Kindern braucht Hilfe im Haus drei Stunden täglich. 14.00–17.00 Uhr, 12 DM. Uhlmann, Gartenstraße 78

h **Zeitungen** austragen, zweimal wöchentlich, montags u. donnerstags. 400 Stück, 200 DM monatlich. Herr Forst, Kaufblatt, Handelsstraße 101

Verb: haben = *to have*

Präsens	
ich habe	wir haben
du hast	ihr habt
er hat	sie haben
sie hat	Sie haben

Futur: ich werde … haben = *I will have*
Perfekt: ich habe … gehabt = *I have had*
Präteritum: ich hatte … = *I had*

Fragen: Hast du? Haben Sie? = *Have you?*

I would like to have (a job). = *Ich hätte gern (einen Job).*
I would like to have had (a job). = *Ich hätte gern (einen Job) gehabt.*

Ich bin Zahnarzt

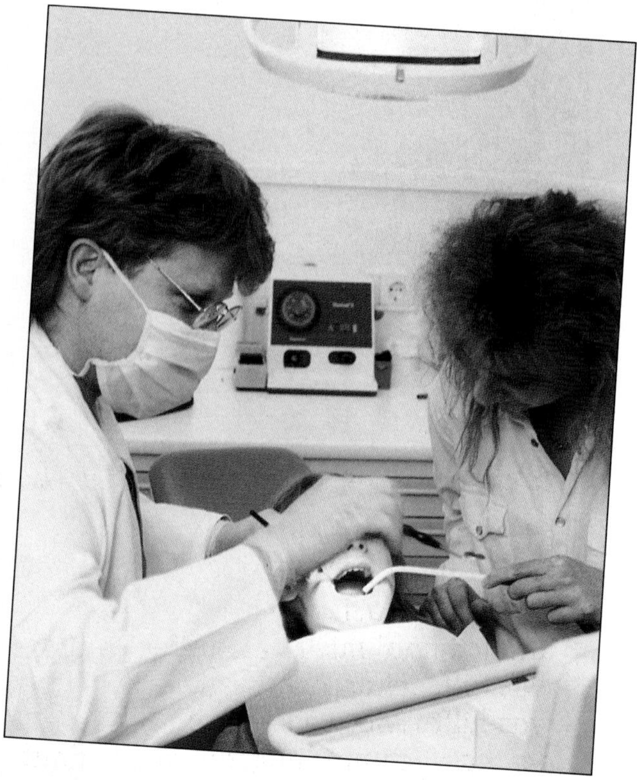

Name: Peter

Wohnort: Köln

Hobbys: Tennis, Theater, Kajakfahren auf dem Rhein

Lieblingsessen: Pizza, Bratkartoffeln, Nudeln mit Tomatensoße

Lieblingssänger: Udo Lindenberg

Bildung: 5 Jahre Studium an der Uni Kiel; 5 Jahre Berufserfahrung in einer Praxis

Arbeit: Was ich gut finde: den Kontakt zu Menschen, das Handwerkliche, die Vielseitigkeit

Nicht gut: daß ich zuviel in einer bestimmten Zeit tun muß; wenig Kontakt zu Kollegen, weil ich selbständig arbeite

Im Behandlungsstuhl ...

– Guten Morgen, was kann ich für Sie tun?

– Sie haben Schmerzen am Unterkiefer? Bitte öffnen Sie den Mund. Ja, so ist es gut.

– Tut es weh, wenn ich gegen diesen Zahn klopfe? Ja, ja, ich bin ganz vorsichtig.

– Der Zahn hat ein tiefes Loch. Es ist kein Wunder, daß Sie Schmerzen haben.

– Nein, der Zahn muß nicht gezogen werden. Ich will versuchen, ihn zu erhalten.

– Ich werde den Zahn ausbohren und anschließend mit einer Füllung versehen.

– Möchten Sie eine Betäubungsspritze haben? ... Gut!

– Sie spüren jetzt einen kleinen Einstich, und dann werden Sie ein Kribbeln in der Zunge und dem rechten Unterkiefer spüren ...

A Gehst du gern zum Zahnarzt, wenn du Zahnschmerzen hast?
Was findest du am schlimmsten beim Zahnarzt?

B Würdest du gern Zahnarzt werden? Warum bzw. warum nicht?

Peter Berg
Zahnarzt

Sprechstunden von 8.00 Uhr bis 12.00 Uhr
und 14.00 Uhr bis 18.00 Uhr
mittwochs von 8.00 Uhr bis 13.00 Uhr

Vor zehn Jahren habe ich meine Zahnarztpraxis eröffnet. Ich kann mich noch ganz genau an die ersten Patienten erinnern. Sie haben das neue Praxisschild neben meiner Haustür vorsichtig gelesen und sind dann reingekommen. Am Empfang haben sie den Patientenfragebogen ausgefüllt und ihren Krankenschein abgegeben, und dann haben sie auf dem neuen Behandlungsstuhl Platz genommen. Die armen Patienten haben mit einer Mischung aus Mißtrauen und Angst auf den Beginn der Behandlung gewartet.

Die Instrumente waren damals funkelnagelneu, und ich habe sie mit einer fast kindlichen Freude ausprobiert. Nach der langen und teuren Studienzeit hatte ich endlich meine eigene Praxis!

Wenn die Sonne hinter den Dächern

Ich kenn' das Leben
von unten bis oben
ich habe gelacht
und ich hab' mich gesehnt –
was hilft schon das Klagen
was hilft schon das Toben
das hab' ich mir langsam abgewöhnt
ich kenne das Leben
von oben bis unten
ich habe die Menschen kennengelernt
mich lockten die Welt
und der Reiz des Bunten
jetzt halt' ich mich hübsch
von Gefühlen entfernt
Nur manchmal
wenn die Sonne
hinter den Dächern versinkt
bin ich mit meiner Sehnsucht allein
wenn die Kühle in meine Einsamkeit dringt
treten ins Zimmer
Schatten herein
sie starren mich an und bleiben ganz stumm
da warte ich dann und weiß nicht warum
auf ein Wunder
das mir Licht ins Dunkel bringt
wenn die Sonne …

Udo Lindenberg

sich abgewöhnen = *to give up*
an/starren = *to stare at*
dringen = *to penetrate*
die Einsamkeit = *loneliness*
klagen = *to complain*
locken = *to entice*
der Reiz = *appeal*
sich sehnen = *to yearn*
die Sehnsucht = *longing*
stumm = *speechless*
toben = *to go wild*

C Welche Ausdrücke sprechen dich am meisten an?

C Berufswunsch

1a Vor- oder Nachteil? Was meint ihr?

z.B. Man muß Schichtarbeit machen. Das ist ein Nachteil.

Man muß Schichtarbeit machen.
Man verdient gut.
Man muß eine Uniform tragen.
Man muß an einer Universität studieren.
Man muß draußen arbeiten.
Man muß sehr früh aufstehen.
Man hat einen langen Arbeitstag.
Man muß den ganzen Tag über stehen.
Man sitzt den ganzen Tag vor dem Computer.
Es ist sehr laut.
Man muß mit Leuten gut umgehen können.
Man hat viel Urlaub.
Man arbeitet selbständig.
Die Arbeit ist abwechslungsreich.
Man verreist oft.
Die Arbeit ist leicht.

1b Welche Berufe erkennst du auf den Bildern?
Was weißt du über diese Berufe?
Was sind die Vor- und Nachteile dieser Berufe?

1c Hör zu! Was erwarten sie von einem Beruf? (2)
Mach Notizen und schreib einen kurzen Bericht.

1d **i.** Was sind diese Leute von Beruf?

a

Arbeitszeit: Schichtarbeit
Urlaubstage im Jahr: 28
Samstagsarbeit: unterschiedlich
Pausen: anderthalb Stunden
Vorteile: Menschen helfen
Genugtuung, wenn es einem Kranken besser geht
Nachteile: anstrengend

b

Arbeitszeit: 5.30–13.30 Uhr
Urlaubstage im Jahr: wenig (ich arbeite selbständig)
Samstagsarbeit: ja
Pausen: —
Vorteile: ich verdiene gut
es schmeckt gut!
Nachteile: keine freie Zeit

ii. Kopiere das Formular. Interviewe deine Eltern oder andere Erwachsene und fülle das Formular aus.

2 Hier sind die Ergebnisse einer Umfrage in unserer Schule:

Top-Ten-Berufe für Mädchen

Kinderpflegerin
Industriekauffrau
Friseurin u. Visagistin
Arzthelferin
Zahnarzthelferin
Bankkauffrau
Datenverarbeiterin
Einzelhandelskauffrau
Hotelfachfrau
Hebamme

Top-Ten-Berufe für Jungen

Kraftfahrzeugmechaniker
Elektriker
Luft- und Heizungsinstallateur
Maler und Lackierer
Tontechniker
Maurer
Bäcker
Kaufmann im Groß- und Außenhandel
Krankenpfleger
Computerprogrammierer

2a Zu zweit. Siehe **1a**. Wer macht Schichtarbeit? Wer verdient gut? usw.

z.B. Die Hebamme macht Schichtarbeit.

2b Diskutiert: Was fällt euch an den beiden Listen auf?
Was kann dies für die Berufswahl von Jungen und Mädchen bedeuten?

2c Stellt eine Berufswunschliste für eure Klasse zusammen.
Was sind eure Top-Berufe? Vergleicht die beiden Listen.

3 **i.** Zu zweit. Stellt euch gegenseitig die Fragen:

Was erwartest du von einem Beruf?	Die Arbeit muß ... Ich will ...
Hast du einen Berufswunsch?	Ich möchte ... werden.
Warum willst du ... werden?	Weil ...
Was sind die Vor- und Nachteile dieses Berufs?	Die Vorteile sind ...

ii. Schreib die Antworten auf! — Für mich muß die Arbeit ... Für ihn/sie ...

Verb: wollen = *to want to*

Präsens

ich will	wir wollen
du willst	ihr wollt
er will	sie wollen
sie will	Sie wollen

„Wollen" ist ein Modalverb. Das heißt, man benutzt es zusammen mit einem anderen Verb:
Ich/Sie will (in die Stadt) gehen. = *I/She want(s) to go to town.*

Präteritum: Ich/Er wollte (Tennis) spielen. = *I/He wanted to play tennis.*
Fragen: Was willst du machen? Was wollen Sie später werden?

Die anderen Modalverben sind: dürfen, können, mögen, müssen und sollen.

Schule und Oberschule

A Der Stundenplan

1a Brainstorming: Zu zweit. Wie heißen die Schulfächer?
Kennt ihr ein Wort nicht?

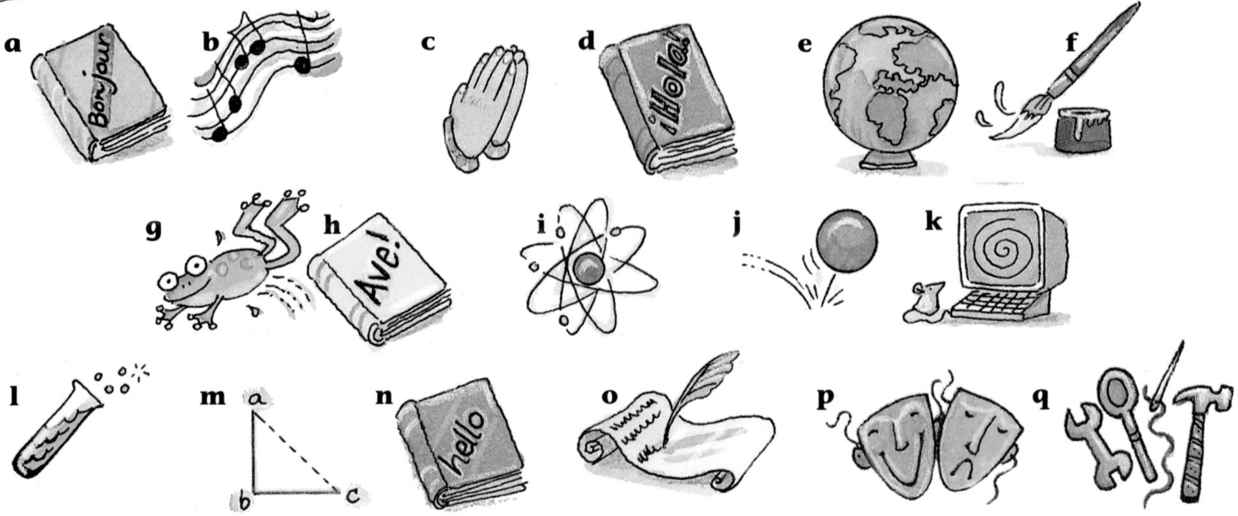

1b Könnt ihr euch weitere Schulfächer überlegen?

1c **i.** Zu zweit. Stellt euch gegenseitig die Fragen:

Welche Fächer machst du?	Ich mache ...
Wie lange machst du das schon?	Ich lerne ... seit einem Jahr/zwei Jahren.

ii. Schreib es auf!

Ich mache ... Er/Sie macht ...

1d Hör zu! Welche Fächer machen sie? Machen sie Mathe gern oder nicht? Warum? (1–4)

<table>
<tr><td colspan="2">Ich mache ...
Er/Sie macht ...</td><td colspan="3">(nicht) gern,</td></tr>
<tr><td rowspan="3">weil</td><td>es</td><td colspan="2">(nicht) interessant/(nicht) nützlich/gut/einfach
zu schwer/langweilig</td><td>ist</td></tr>
<tr><td colspan="4">ich/er/sie es nicht verstehen/leiden kann</td></tr>
<tr><td colspan="2">der Lehrer/die Lehrerin</td><td>blöd/zu streng/nicht streng genug
gut/interessant/hilfsbereit</td><td>ist</td></tr>
</table>

1e **i.** Zu zweit. Stellt euch gegenseitig die Fragen:
Wie findest du Mathe, Englisch, Sport, Physik, Geschichte, Erdkunde usw.?
Warum?

ii. Schreib die Antworten auf.

Ich finde ... Er/Sie findet ...

gut | interessant | doof | blöd | anstrengend | klasse | prima | toll | langweilig | O.K.

Klasse: 10aI

Stundenplan

Name: Heike Möller

__ Halbjahr 19__

Zeit	Montag	Dienstag	Mittwoch	Donnerstag	Freitag
8.05–8.50	Chemie	Englisch	Kunst	Englisch	Französisch WP
8.50–9.35	Mathematik	Mathematik	Kunst	Musik	Chemie
9.55–10.40	Geschichte	Tech. Zeichnen/	Religion	SoWi	Wirtschaftslehre
10.40–11.25	Erdkunde	Informatik	Deutsch	Deutsch	Mathematik
11.35–12.20	Deutsch	Französisch WP	Sport	Geschichte	Erziehungskunde
12.20–13.05	Religion	Biologie	Sport	LK Englisch WP	Theater WL
14.00–15.30		Musik AG			

WP heißt Wahlpflichtfach. Man muß zwei davon machen.

WL heißt Wahlfach. Man darf eins davon machen.

Ich mache Leistungskurs Englisch als WP 1, Französisch als WP 2 und Theater als WL.

AG heißt Arbeitsgemeinschaft – auf englisch „study group".

Pflicht = *compulsory*
Wahl = *optional*

2a Zu zweit. Stellt euch gegenseitig die Fragen:

a Wann beginnt Heikes Schule? Wann beginnt unsere Schule?
b Wie lange dauert eine Unterrichtsstunde?
c Um wieviel Uhr ist die Schule normalerweise aus?
d Ab wieviel Uhr hat Heike/hast du am Dienstag frei?
e Welche Fächer hat Heike/hast du am Montag?
f Wie viele Stunden Mathe hat sie/hast du in einer Woche?
g Wie viele Stunden Sport hat sie/hast du in einer Woche?
h Welche Wahlpflichtfächer hat sie? Welche Wahlfächer hat sie?

2b Hör zu! Wie findet sie die Schule?
Was ist ihr Lieblingsfach, und was macht sie nicht gern? Warum?

2c Wie findest du die Schule? Was ist dein Lieblingsfach? Warum?
Was hast du als Pflichtfächer, als Wahlfächer, welche AGs oder Klubs?

z.B. Meine Pflichtfächer/Wahlfächer sind ...
Ich mache im Computerklub/Schulorchester mit.
Ich bin Mitglied der Tennismannschaft.

2d Vergleich die Schulen. Schreib einen Bericht.

Bei uns	beginnt die Schule früher/später sind die Pausen usw. kürzer/länger		
Ich mache Heike macht	mehr/weniger ...		
Wir haben Sie hat	keinen/keine/kein ...		
Ich finde es bei uns	besser, nicht so gut,	weil	wir mehr/weniger ... haben die Schule früher/später ...

A Der Stundenplan

Mein Schultag: Montag

Ich stehe um 6.30 auf und mache gleich Musik an. Danach dusche ich, föne mir die Haare, ziehe mich an und frühstücke. Ich gehe dann in die Küche, esse eine Scheibe Brot mit Schinken, Wurst oder Käse, und, wenn die Zeit reicht, trinke ich eine Tasse heiße Schoko oder Kaffee. Meine Mutter macht mir ein Schulbrot mit Fleischwurst oder Käse zum Mitnehmen, während ich meine Schulsachen einpacke, und um punkt Viertel nach sieben verlasse ich das Haus.

Mein Vater nimmt mich auf seinem Weg zur Arbeit mit. Wir fahren an Franks Straße vorbei und holen ihn ab. Wenn er nicht rechtzeitig da ist, wird mein Vater böse. Im Auto besprechen wir, was wir am vorigen Abend gemacht oder geguckt haben, oder, wenn wir eine Klassenarbeit schreiben, üben wir im Auto. Um Viertel vor acht sind wir schon in der Schule. Wir begrüßen uns, und dann kommt der Lehrer rein und dann ist alles ruhig, weil die erste Stunde Mathe bei Herrn Matthes ist und er ziemlich streng wirkt!

Montags habe ich nachmittags Sport AG, und ich gehe zur Imbißbude und hole mir eine Tüte Pommes mit Mayo und eine Dose Cola. Danach gehe ich in die Stadt und treffe mich mit meiner Freundin Paola, und wir bummeln durch die Stadt und gehen Eis essen.

Wenn wir Geld haben, gehen wir ins Kino, oder wenn ihre Eltern nicht zu Hause sind, gehen wir zu ihr nach Hause.

Abends muß ich um halb sieben zum Abendessen zu Hause sein, weil mein Vater der Meinung ist, wir sollten zusammen essen. Dann mache ich meine Hausaufgaben, gucke ein bißchen Fernsehen oder lese und gehe dann ziemlich früh ins Bett, weil ich immer so früh aufstehen muß. Normalerweise bin ich schon um halb zehn total kaputt.

Edvard

3a Lies den Text durch. Kennst du ein Wort nicht? Frag deinen Nachbarn/deine Nachbarin!

A: Wie heißt … auf englisch?
B: Ich weiß es nicht. Schau mal nach und sag mir dann Bescheid!

3b Zu zweit. Lest den Text abwechselnd vor!

3c Erzählt euch gegenseitig, was Eduard an einem normalen Schultag macht.

z.B. Er steht um 6.30 auf, …

ich stehe – er steht
ich esse – er ißt
ich fahre – er fährt
ich lese – er liest
ich treffe – er trifft

3d Wie sah es letzten Montag bei Eduard aus? Was hat er gemacht?

z.B. Er ist um 6.30 aufgestanden, …

Präsens		**Perfekt**		**Präteritum**	
Ichform	*Erform*	*Ichform*	*Erform*	*Ich-/Erform*	*Wir-/Sieform*
stehe … auf	steht … auf	bin …	ist … aufgestanden	stand auf	standen auf
mache	macht	habe	hat … gemacht	machte	machten
fahre	fährt	bin …	ist … gefahren	fuhr	fuhren
bin	ist	bin …	ist … gewesen	war	waren

3e Wie sieht es bei dir aus? Was machst du an einem normalen Schultag?
Was hast du letzten Dienstag gemacht?

Verb: gehen = *to go*

Präsens

ich gehe	wir gehen
du gehst	ihr geht
er geht	sie gehen
sie geht	Sie gehen

Futur: Ich werde in die Stadt gehen.
Perfekt: Ich bin in die Stadt gegangen.
Präteritum: Ich ging …
Konditional: Ich würde … gehen.

Fragen: Gehst du? Gehen Sie?

Wie geht es dir? Wie geht es Ihnen? = *How are you?* (lit. *How goes it to you?*)
Es geht mir gut. = *I am well.* (lit. *It goes to me well.*)

Schuluniform in verschiedenen Ländern

A Was meinst du? Woher kommen sie?

Australien
Guadalupe
Indien
Iran
Japan
Malaysia
Simbabwe
die Türkei

B Was tragen die Jungen und die Mädchen?

einen Tschador *einen Hut* *eine Bluse* *ein Oberteil*

einen Schlips *ein Kleid* *mit langen/kurzen Ärmeln*

5

6

C Was meinen sie? Wie finden sie die Uniformen, gut oder nicht?

Die Uniform, die die Mädchen in Simbabwe tragen, sieht unbequem aus. Die Jacke ist zu dick. In Simbabwe ist es heiß, und ich würde lieber ein T-Shirt und Shorts tragen. Sie sieht so eintönig aus, und außerdem steht mir diese Farbe nicht.

Ich würde nicht gern den Tschador tragen, weil es gefährlich sein könnte, zum Beispiel in Chemie, wenn man ein Experiment macht. Die Jungen müssen ihn nicht tragen. Auch das Radfahren muß ein bißchen gefährlich sein. Man kann nicht so leicht nach hinten sehen.

Ich finde, was die Mädchen in Indien anhaben, sieht schick aus. So was würde ich auch gern in Sommer tragen. Die japanische Uniform ist nicht so schön – und auch nur für heißes Wetter geeignet. In Japan wird es auch sehr kalt. Im Winter ziehen die Schüler bestimmt was Wärmeres an.

Ich finde eine Uniform gut, weil man weiß, was man anziehen muß. Man braucht nicht jeden Tag im Kleiderschrank rumzuwühlen.

Wir tragen keine Uniform, aber trotzdem ziehen wir uns fast alle gleich an. Wir tragen meistens eine Jeans und ein Sweatshirt oder einen Pulli. Ich würde nicht gern einen Schlips tragen. Er könnte auch gefährlich sein, und man muß ihn jeden Tag neu binden.

Der Schal und der Tschador sind völlig unpraktisch. Man kann nicht laufen und herumtoben, wenn man so was anhat. Aber ich möchte wissen, wo die Jungs sind. Was tragen sie in der Schule?

D Was meinst du? Wie findest du die Uniformen?

E Was würdest du am liebsten in der Schule anziehen?

B Weiterbildung

Das deutsche Schulsystem

Schule	Alter	Klasse
Kindergarten	3–6	
Grundschule	6–9	1–4
Gesamtschule **H**auptschule — **R**ealschule — **Gym**nasium Prüfung: Hauptschulabschluß — Realschulabschluß — Mittlere Reife	10–16	5–10
Berufsschule/Fachschule (betriebliche **Ausb**ildung) — **Gym**nasium Prüfung: Hochschulreife — **Abi**tur	16–18/19	11–12
Fachhochschule — **Uni**versität	18/19+	

betriebliche Ausbildung – man lernt in einer Fachschule und arbeitet in einer Fabrik oder in einem Geschäft

die Berufsschule oder Fachschule – eine Schule, wo man einen Beruf lernt

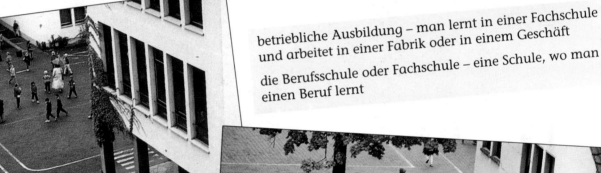

1a Hör zu! Wie alt sind sie? In welche Schule und Klasse gehen sie? (1–6)

1b Zu zweit. Findet die Unterschiede heraus: in Deutschland … und bei uns.

- In Deutschland geht man mit … Jahren in die Grundschule, und bei uns mit …
- Man geht dort mit … Jahren in die Sekundarstufe, und bei uns mit …
- Die mittlere Reife macht man normalerweise mit …, und bei uns macht man …
- Das Abitur macht man mit …, und bei uns macht man …
- In Deutschland darf man die Schule mit … Jahren verlassen und bei uns mit …

2a Was wirst du später machen?

a
Ich werde arbeiten.
b
Ich will eine betriebliche Ausbildung machen. (Ich werde *Azubi.)
c
Ich will an dieser Schule weiterlernen.
d
Ich will an einer anderen Schule weiterlernen.
e
Ich will das Abitur machen.
f
Ich habe gar keine Ahnung.
*Azubi: Auszubildende(r) = *apprentice*

2b Hör zu! Was wollen sie nach der Sekundarstufe machen? (1–6)

z.B. 1 d

2c Zu zweit. Stellt euch gegenseitig die Fragen:
Welchen Schulabschluß machst du?
In welchen Fächern machst du die Prüfungen?
Was willst du nächstes Jahr machen?
Was willst du später werden?

2d Mach eine Umfrage. Stell die Frage an deine Mitschüler, zeichne ein Schaubild und schreib einen Bericht.
Vergleich deine Ergebnisse mit den Ergebnissen der Klasse 10c.

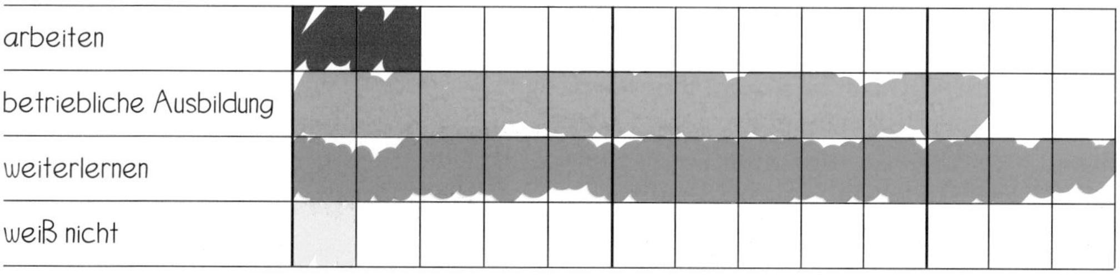

In unserer Klasse gibt es ... Schüler, die ... wollen.
einen Schüler, der ... will.
Es gibt mehr/weniger Schüler in der Klasse 10c/bei uns, die ... wollen.

Das Berufs- und Fachhochschulzentrum

Maurer kann jeder lernen. Normalerweise fängt man mit 16 an. Man braucht keine mittlere Reife, nur Hauptschulabschluß. Ich lerne Technische Mathematik, Technisches Zeichnen und Technische Praxis, das heißt Mischungsberechnungen von Beton und wie man Steine zusammenlegt und solche Sachen. Um den Meister zu machen oder Bauingenieur zu werden, kann man natürlich weiter an der Fachhochschule studieren. Es macht mir momentan großen Spaß. Am besten finde ich die Arbeit draußen an der frischen Luft, und daß man sofort ein Ergebnis sieht.

Alois

Ich heiße Melanie und bin 16 Jahre alt. Ich habe schon Hauptschulabschluß gemacht und mache hier Realschulabschluß (Mittlere Reife). Ich möchte später Erzieherin werden, weil die Zusammenarbeit mit kleinen Kindern mir großen Spaß macht. Ich muß insgesamt fünf Jahre studieren, zwei Jahre hier und zwei Jahre in einem Kindergarten – sozusagen ein Betriebspraktikum – und dann noch ein Jahr auf der Schule.

Ich bin 16 Jahre alt und mache hier noch mal Hauptschulabschluß. Das dauert noch ein Jahr. Vielleicht will ich dann Krankenpflegerin lernen, weil ich gern mit Leuten arbeite, aber ich weiß noch nicht genau. Wenn ja, muß ich noch zwei Jahre lernen.

Yvonne

Ich werde auch Maurer lernen und mich dann noch ein Jahr an der Fachhochschule ausbilden lassen. Wenn es klappt, möchte ich danach vier Jahre an der Uni studieren und eventuell als Architekt selbständig arbeiten.

Sammi

Ich mache zwei Jahre Berufsschule, und ich bin schon im zweiten Jahr. Nach dem ersten Jahr habe ich Hauptschulabschluß gemacht, und ich mache gerade die mittlere Reife. Das dauert noch ein Jahr. Ich möchte dann Tischler lernen. Das dauert noch zwei Jahre. Es macht mir Spaß, mit den Händen zu arbeiten und zu sehen, wie ein Möbelstück entsteht. Was ich auch gut finde, ist, daß die Arbeit ganz kreativ ist.

Martin

Ich heiße Markus, und ich bin Stukkateur. Ich bin schon im dritten Jahr und muß noch ein halbes Jahr machen. Dann bin ich Geselle und könnte meinen Meister machen. Ich wollte handwerklich arbeiten und so schnell wie möglich Geld verdienen können. Ich habe vorher den Hauptschulabschluß gemacht und bin dann hierher gekommen, um Stukkateur zu lernen.

3a Was lernen sie? Machen sie das gern oder nicht? Warum?

z.B. ... lernt (Maurer).
Es macht ihm/ihr (keinen) Spaß, weil ...

weil das Studium so lang ist
die Arbeitsstunden so lang sind
man den ganzen Tag stehen muß
er/sie gern mit Leuten arbeitet
die Arbeit schmutzig ist
die Arbeit so eintönig ist
die Arbeit kreativ ist
er/sie gern mit den Händen arbeitet

3b Hör zu! Wer spricht? Was machen sie? Machen sie das gern oder nicht?

Steinmetz

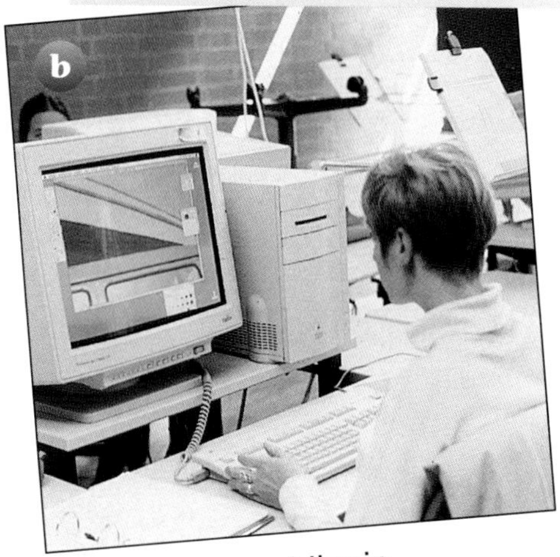

Graphikerin

Erzieherin

Architekt

Konditorgesellin

3c Was würdest du gern lernen? Warum?

Ich würde gern ... lernen, weil ...

Verb: machen – *to do or make*

Präsens	
ich mache	wir machen
du machst	ihr macht
er macht	sie machen
sie macht	Sie machen

Futur: ich werde ... machen
Perfekt: ich habe ... gemacht
Präteritum: ich machte

Fragen: Machst du...? Machen Sie...?

Mach das Fenster auf! Mach das Licht an! Was macht das?
Das macht nichts! Was macht dich an? (ugs.)

ugs.: Umgangssprache = *slang*

SCHULSTRESS

Viele deutsche Schüler haben Angst vor schlechten Noten. Bauchschmerzen, Kopfschmerzen, Asthma und andere Krankheiten können durch Schulstreß verursacht sein. Bis 20% der Schüler leiden am Tag vor einer Klassenarbeit unter Bauchschmerzen, und in jedem Hauptfach schreiben sie sechs Klassenarbeiten pro Jahr. In einigen deutschen Städten gibt es eine Telefonnummer, die Kinder anrufen können, wenn sie Schulangst haben.

Schüler haben Angst vor den Klassenarbeiten, vor schlechten Noten, vor dem Schulzeugnis, vor dem Sitzenbleiben und vor den Eltern. Jedes Jahr bleiben in Deutschland etwa 400 000 Schüler sitzen. Wenn ihre Noten in zwei oder drei Hauptfächern mangelhaft oder ungenügend waren, müssen sie den ganzen Lehrplan der letzten Klasse wiederholen. Aber in einer Gesamtschule müssen die Schüler normalerweise nicht sitzenbleiben. Wenn sie in einem Fach Probleme haben, können sie in diesem Fach in eine Gruppe für langsamere Lernende heruntergestuft werden, wo ihnen geholfen wird.

Seit Ausgabe der Zeugnisse vor drei Tagen wird der 13-jährige Serkan vermißt. Die Polizei vermutet, daß der Junge sich aus Angst vor Strafe herumtreibt. Serkan ist 158 cm groß, hat kurze, dunkle Haare und braune Augen. Er trägt blaue Jeans, ein schwarzes Sweatshirt, darüber einen schwarzen Anorak und weiße Trainingsschuhe.

Sorgentelefon

In vielen deutschen Städten gibt es in den Telefonhäuschen eine Telefonnummer für das Sorgentelefon. Man wählt, und eine Stimme meldet sich: „Sorgentelefon ...".

Jörg ist heute dran. Das Telefon klingelt. Jörg antwortet und hört dem Kind zu. Das Kind erzählt, daß er eine schlechte Note in Mathematik gekriegt hat und Angst davor hat, nach Hause zu gehen. Jörg fragt ihn: „Hast du eine gute Note in einem anderen Fach?" Er hat doch gute Noten in Deutsch, Sport und Kunst. Jörg sagt ihm, er soll seinen Eltern erklären, daß er Mathe schwer findet, und um Nachhilfe bitten.

Hallo! Hier ist das Sorgentelefon für Kinder und Jugendliche. Jörg am Apparat. Kann ich dir helfen?

das Telefonhäuschen = *telephone booth*
die Sorge = *worry*
wählen = *to dial*
die Stimme = *voice*
sich melden = *to answer (on the phone)*
kriegen = *to get*
sollen = *ought to/should*
bitten um = *to ask for*
die Nachhilfe = *extra help*

A Wie viele Klassenarbeiten schreibt ein deutscher Schüler im Jahr? Schreibst du viele Klassenarbeiten?

B Findest du die Schule stressig? Warum? Meinst du, daß die Schule in Deutschland stressiger ist als bei euch? Warum?

C Ich bewerbe mich ...

Lebenslauf

Name	Sonja Köhler
Geboren	13.06.80
Geburtsort	Braunschweig
Anschrift	Alte Ringstraße 96 30457 Hannover
Telefon	0511/34 56 78
Schulbildung	1986-90 Grundschule 1990-96 Bertholt-Brecht-Realschule
Schulabschluß	1996 mittlere Reife
Beste Schulfächer	Deutsch, Englisch, Informatik, Sport
Besondere Fähigkeiten	Gute Sprachkenntnisse in Englisch Grundkenntnisse in Maschineschreiben und Textverarbeitung
Hobbys	Computer, Tennis, Schwimmen

besondere Fähigkeiten = *special skills*

1a Was weißt du über Sonja? Schreib einen Bericht.

Sie ist ... Sie hat ... Ihr(e) ... ist/sind ...

1b Hör zu!

2

i. Fülle das Formular für Sven aus.

ii. Was weißt du über ihn? Schreib einen Bericht.

Er ist ... Er hat ... Sein(e) ... ist/sind ...

1c Entwirf deinen eigenen Lebenslauf.

Sandy Walker

85 The Avenue
South Park
Newcastle NL5 2AS
U.K.

den 4. Oktober

Gasthaus zum Goldenen Stern
Schloßstraße 104

21809 Lindendorf

Sehr geehrter Herr .../Sehr geehrte Frau ...,

ich möchte mich bei Ihnen um einen Ferienjob als Kellner(in)/Zimmermädchen/Gehilfe/-in bewerben.

Zur Zeit besuche ich die ... schule in ... . Ich werde meine Schulausbildung im Juni mit der mittleren Reife abschließen. Ich habe Prüfungen in ... bestanden. Ich lerne Deutsch schon seit ... Jahren.

Ich habe schon in ... als ... gearbeitet. Ich stehe zur Verfügung von (Anfang August) bis (Ende September).

Hochachtungsvoll

....

Sandy Walker

Ich habe Ihre Anzeige in der Zeitung gelesen, und ich möchte mich für die Stelle als Au-pair bei Ihnen bewerben.

Zur Zeit besuche ich die ... School, und ich werde sie im Juni verlassen. Ich mache die (Abschlußprüfungen) in ... . Ich lerne seit ... Jahren Deutsch und habe Deutschland schon im Schüleraustausch besucht. Ich habe viel Kontakt zu Kindern gehabt und habe oft als Babysitter gearbeitet.

2 Wähl einen Job aus (siehe Seite 13) und schreib einen Bewerbungsbrief.

Verb: müssen = *to have to*

Präsens

ich muß	wir müssen
du mußt	ihr müßt
er muß	sie müssen
sie muß	Sie müssen

Präteritum: ich mußte = *I had to*

„Müssen" ist ein Modalverb. Das heißt, man benutzt es zusammen mit einem anderen Verb.

Wann mußt du morgens aufstehen?
Ich muß für die Schule üben.
Was muß ich mitbringen?
Er muß seine Hausaufgaben machen.

Im Büro

A Personalien

1a i. Zu zweit. Wiederholung: Wie sehen sie aus? Wie alt sind sie?

z.B. A: Der Mann auf Bild a?
B: Er ist ..., hat ... und trägt ...
Er ist ungefähr ... Jahre alt.

Der Mann Die Frau	ist	(ziemlich) groß/mittelgroß/klein	
	hat	kurze/lange/schulterlange glatte/wellige/lockige/braune/blonde/rötliche/dunkelblonde/dunkle	Haare
		eine Glatze/Halbglatze	
		braune/blaue/grüne/graue Augen	
	trägt	eine Brille/einen Bart/einen Schnurrbart	

ii. Schreib es auf!

3 **1b** Hör zu! Wie heißen sie?
Was machen sie? (Bilder a–f)

Umlaut: ¨ Bindestrich: - scharfes s/Eszett: ß doppel n: nn

- der Designer
- der Geschäftsführer/der Direktor
- die Personalleiterin
- die Sekretärin
- der Vertreter
- die Werbeleiterin

1c Zu zweit. Fragt euch gegenseitig: Wer ...?

1d **i.** Zu zweit. Was meint ihr? Wer …?

a ist für das Personal verantwortlich
b kümmert sich um die Werbung
c leitet die Gesellschaft
d besucht Kunden, um die Produkte zu verkaufen
e hilft dem Geschäftsleiter und schreibt Briefe
f entwirft neue Modelle

ii. Schreib es auf!

3

1e Hör zu! Mit wem wollen sie sprechen? (1–6)

2a Rollenspiel: Herr/Frau Grünbaum von der Firma Guthandel in Frankfurt will wissen, wie die Leute der Firma Euromax in Manchester heißen, wie sie aussehen und wie ihre Telefonnummern lauten.

Mr Roberts
MD
923 462

Mr Akberali
Ad and pub
923 459

Mrs Hermansen
Secretary
923 455

Mr Lomax
Sales rep
923 483

Mrs Archer
Design
923 454

Miss Ustinov
Personnel
923 461

Euromax, Manchester. Can I help you?

Guthandel, Frankfurt. Grünbaum am Apparat.

Guten Morgen, Frau/Herr Grünbaum. Was kann ich für Sie tun?

Wie heißt (der neue Geschäftsleiter), bitte?

……………………………………………………

Wie schreibt man das?/Wird das mit … geschrieben?

……………………………………………

Wie sieht er/sie aus?

Er/Sie ist … und hat …

Wie lautet seine/ihre Durchwahl?

(0044 171) …

Guten Tag. … am Apparat. Was kann ich für Sie tun?
Ich möchte bitte Herrn/Frau (Schulz) sprechen.
Ich verbinde.
Es tut mir leid, er/sie ist im Moment beschäftigt/nicht da.
sein/ihr Apparat ist momentan belegt/besetzt.
Kann ich etwas ausrichten?
Möchten Sie warten?
Ich rufe später wieder an.
Ja, ich warte.
Auf Wiederhören!
Auf Wiederhören!

2b Bereite ein Fax vor.

Euromax *Manchester*
Der/Die neue … heißt …
Seine/Ihre direkte Telefonnummer ist …

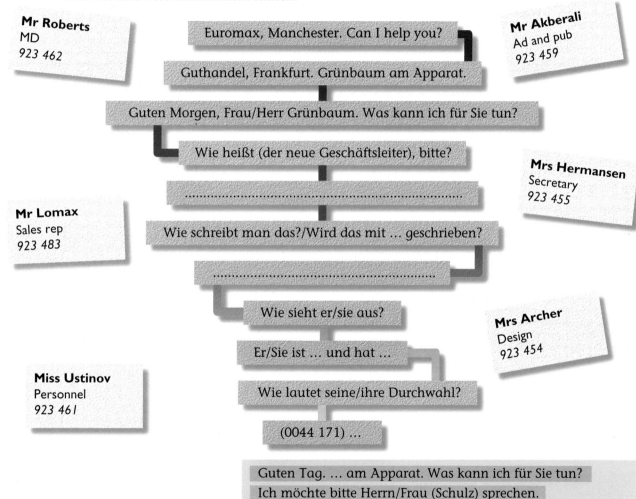

3a Zu zweit. Wie erkennt man sie? Was haben sie an?

z.B. A: Wie sieht **a** aus?
B: **a** ist eine ziemlich junge Frau. Sie ist Mitte 20.
Sie ist ... und hat... Sie trägt ...

	Mask.	Fem.	Neutr.	Pl.
Er/Sie trägt:	einen roten Pulli	eine graue Hose	ein weißes Hemd	schwarze Schuhe

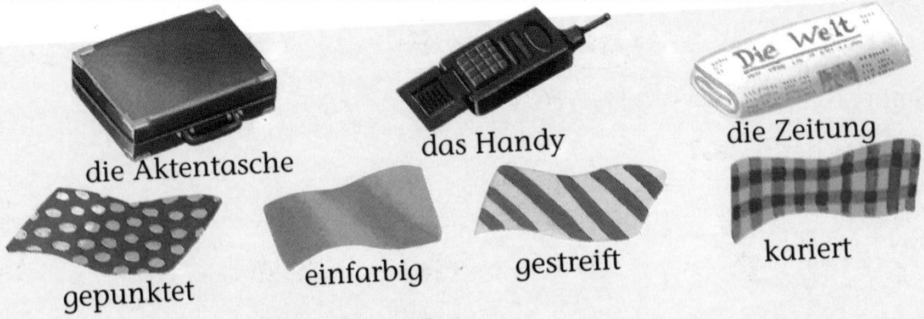

der Anzug: eine Jacke und eine Hose
lässige Kleidung: komfortable Kleidung, z.B. eine weite Hose und ein Pulli

3b Hör zu! Wie heißen sie? (Bilder a–d)

3c **i.** Zu zweit. Herr Kellermann und Frau Fiedler fliegen nach München. Wie erkennt man sie?

ii. Hinterlasse eine Mitteilung auf dem Anrufbeantworter der Firma Neuhandel. Nimm sie auf Kassette auf.

iii. Schicke ein Fax.

Herr Kellermann/Frau Fiedler kommt in München
um ... Uhr an, Flugnummer ...
Er/Sie ist ..., hat ... und trägt....

Wiederholung

4a Schreib einen Vortrag: Ich und mein Partner/meine Partnerin
Nimm ihn auf Kassette auf.

i. Wie siehst du aus? Ich bin … Ich habe … Ich trage meistens …

ii. Wie sieht dein Partner/deine Partnerin aus? Er/Sie ist … und hat … Er/Sie trägt …

iii. Finde vier Unterschiede heraus.

Er/Sie	hat	längere/kürzere/dunklere/blondere Haare	**als** ich
	ist	größer/kleiner/sportlicher/fauler weniger sportlich/faul/…	
		nicht **so** schlank/dick	**wie** ich
	macht	genau **so** viel Arbeit	
Ich trage meistens/oft … Er/Sie bevorzugt …			

4b Zu zweit. Das Alphabet und Abkürzungen

i. Stellt euch gegenseitig die Fragen:

Wie heißt du? Wie schreibt man das?
Wo wohnst du? Wie schreibt man das?
Schreibt man das groß oder klein/mit doppel m/mit Umlaut/mit Bindestrich?
Wie ist die Postleitzahl?
Wie ist die Telefonnummer?

ii. Woher kommen sie?

B D EUR GB IRL NL

A CH DK F I N S

iii. Stellt euch gegenseitig Fragen.

z.B. ca. Was heißt das?

BMW	**bzw.**	**ca.**	**cm**	**d.h.**	**DB**	**DM**	**Hbf**
l	**P**	**Pf**	**Pfd**	**Pkw**	**u.**	**usw.**	**VW**

circa/ungefähr Pfennig das heißt Deutsche Bahn Liter	Parkplatz Deutsche Mark Hauptbahnhof Zentimeter Pfund und	Personenkraftwagen/Auto und so weiter Volkswagen beziehungsweise Bayerische Motorenwerke

Verb: tragen = *to wear or carry*

Präsens

ich trage	wir tragen
du trägst	ihr tragt
er trägt	sie tragen
sie trägt	Sie tragen

Futur: ich werde … tragen = *I will wear/carry*
Perfekt: ich habe getragen = *I wore/carried*
Präteritum: ich trug = *I was wearing/carrying*

Fragen: Was trägst du/tragen Sie?

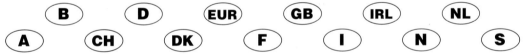

Magazin 3

Jeans ... Accessories ... Kids ...

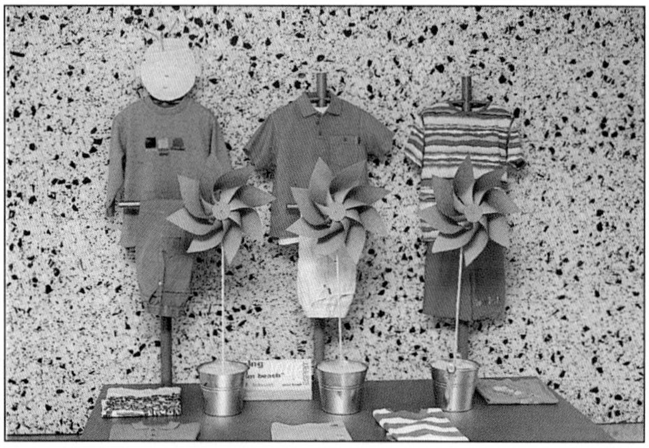

Esprit hat weltweit 36 Geschäfte und 200 Shops im Haus.

Wir arbeiten bei Esprit, einer amerikanischen Firma, die Kleidung entwirft und herstellt. Insgesamt arbeiten ungefähr 1 250 Leute in sechs Ländern an der Herstellung von 45 Millionen Kleidungsstücken jährlich. Hier in Düsseldorf haben wir unser Designstudio, wo das Designteam die neue Esprit-Kollektion erarbeitet.

Ich bin Designerin. Ich heiße Danielle Grümer. Ich habe in England studiert und arbeite schon seit einem Jahr hier in Düsseldorf bei Esprit. Das ist ein sehr internationaler Job. Ich reise sehr viel, und das Team, mit dem ich arbeite, ist sehr jung. Die Firma ist auch noch relativ kreativ. Ich würde später gerne zurück nach London gehen, aber es gibt dort keine Jobs. Ich spreche Deutsch, Englisch und ein bißchen Italienisch. In meiner Freizeit spiele ich gern Tennis und gehe viel tanzen. Ich gehe gern ins Kino und besuche auch gern Museen, um mich kulturell auf dem Laufenden zu halten.

Danielle Grümer, Designerin

Frau Winkels, Market Research

Mein Bereich ist Market Research. Ich habe meine Ausbildung hier bei Esprit gemacht und arbeite schon seit vielen Jahren hier. Ich habe sehr viel Eigenverantwortung und arbeite gern mit dem Team zusammen. Es macht Spaß, weil die Kollegen alle so nett sind und prima miteinander auskommen. In meiner Freizeit treibe ich gern Sport, ich lese gern und treffe mich gern mit Freunden.

Baby … Men … Schuhe …

Ich entwerfe allein die Muster für den Stoff. Ich bin schon zweieinhalb Jahre hier und finde die Arbeit unheimlich interessant.

Frau Kornen, Textilmustergestalterin

Ich bin 24 Jahre alt und arbeite schon sechs Monate als selbständiger Designer für das Denimrange für die Frühling-Sommer Kollektion. Ich habe Fashion Design in London studiert. Ich reise sehr gern, besonders nach Hongkong, Italien und Paris. In meiner Freizeit lese ich gern und gehe gern ins Kino.

Kevin, Designer

Ich heiße Anke und bin Konditorgesellin. Ich habe eine dreijährige Ausbildung hinter mir und habe am Anfang in einer Konditorei gearbeitet, aber die Arbeitszeit war furchtbar lang, von 5 Uhr morgens bis 2 Uhr nachmittags. Hier in der Kantine sind die Arbeitsstunden viel besser, und ich habe mehr Urlaub und Freizeit.

Mein Name ist Laura Sheridan. Ich bin Produktionsassistentin. Ich komme aus Los Angeles und bin schon 15 Jahre in Deutschland. Vorher habe ich im Advertising gearbeitet. Mein Bereich ist im Augenblick Produktmanagement. Ich bin täglich in Kontakt mit den Büros in den anderen europäischen Ländern.

Ich heiße Stefan Spanjol. Ich bin Assistent des Verkaufsleiters. Im großen und ganzen ist es mein Bereich, Lösungen für Probleme zu finden. Viele Designer sind ein bißchen flippig und wollen ihren Stempel aufdrücken, aber manchmal geht es einfach nicht, weil die Sachen sich nicht so gut verkaufen lassen. Das Arbeitsklima hier ist sehr gut, aber leider wird 80% von meiner Arbeit am Computer gemacht. Weil ich soviel am Bildschirm arbeite, habe ich wenig direkten Kontakt zu anderen Leuten.

Stefan Spanjol, Assistent des Verkaufsleiters

A Who …?
- **a.** has been working at Esprit for six months
- **b.** studied in England
- **c.** designs patterns for the fabrics
- **d.** works mainly at the computer
- **e.** travels a lot

B Interessierst du dich für Mode?
Würdest du gern in einem Designstudio arbeiten?

B Betriebspraktikum in einem Büro

Sebastian macht ein Betriebspraktikum bei der Firma Schnelldienst.

8.00	Kaffeemaschine anmachen, Post holen und verteilen
8.30–9.30	Allgemeines: Frau Zimmermann helfen
9.30–10.00	Zweites Frühstück: Kaffee usw. servieren/leere Tassen in die Spülmaschine tun
10.00–11.30	In der Rezeption helfen, Anrufe entgegennehmen, Gäste im Buch eintragen usw.
11.30–12.30	Briefe auf dem Computer schreiben und Akten in die Aktenschränke räumen
12.45	Briefe zur Post bringen

1a Hör zu! (1–6)

i. Wieviel Uhr ist es?

ii. Was macht er?

1b Zu zweit. Was hat Sebastian gemacht, und was muß er noch machen?

z.B. **a** Er hat die Kaffeemaschine angemacht und die Briefe verteilt, und er muß noch Frau Zimmermann helfen.

Infinitiv	Präsens	Partizip II
an/machen	macht ... an	angemacht
bringen	bringt	gebracht
helfen	hilft	geholfen
nehmen	nimmt	genommen
schreiben	schreibt	geschrieben
servieren	serviert	serviert
tun	tut	getan
verteilen	verteilt	verteilt

a 8.30 **b** 9.30 **c** 9.45 **d** 11.30 **e** 12.25

1c Zu zweit. Was muß er als nächstes machen?
Bildet Sätze: Achtet auf die Reihenfolge!

		▲	① ●	②
Nachdem er	die Kaffeemaschine angemacht	hat,	muß er	die Post holen
	die Post geholt			die Briefe verteilen
	die Briefe verteilt			Frau Zimmermann helfen

8.30 Frau Zimmermann helfen

2a **i.** Zu zweit. Wie heißen die Gegenstände?

ii. Mach eine Liste.

2b Hör zu! Wir machen eine Inventur. Was gibt's, und was fehlt?

z.B. Es gibt ... Es fehlt ...

9.30 Zweites Frühstück

3 Rollenspiel: Einer von euch muß die Getränke servieren. Siezen!

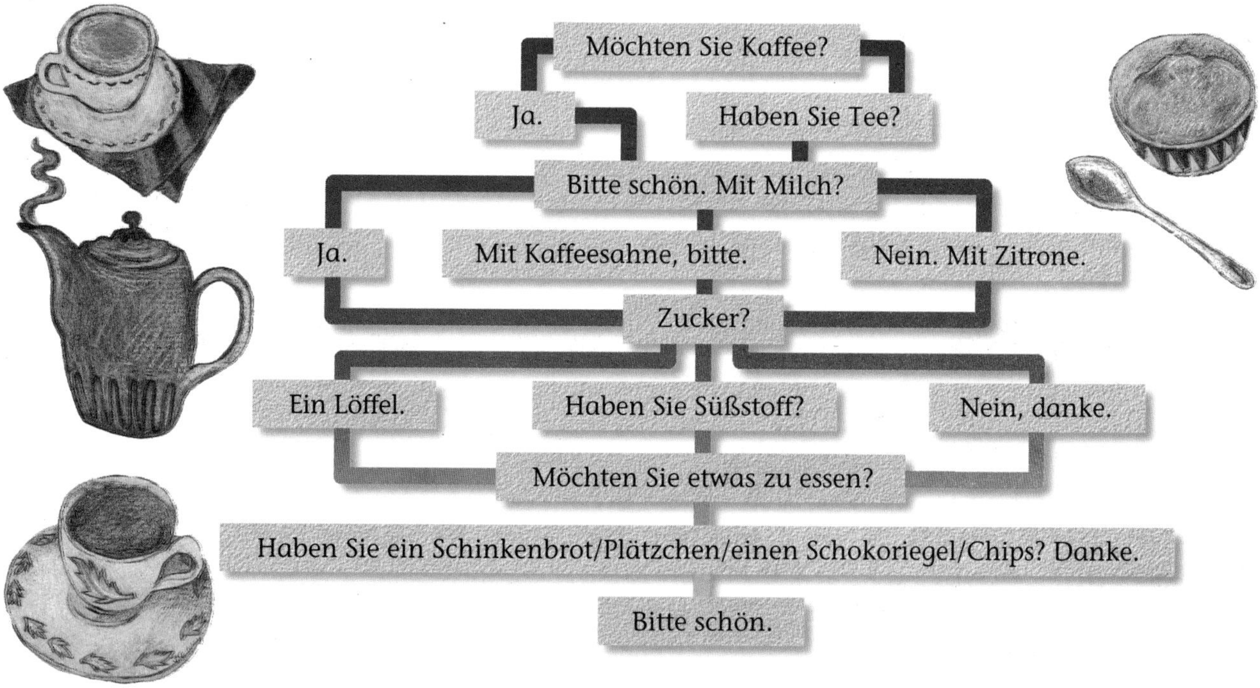
Möchten Sie Kaffee?
Ja.
Haben Sie Tee?
Bitte schön. Mit Milch?
Ja.
Mit Kaffeesahne, bitte.
Nein. Mit Zitrone.
Zucker?
Ein Löffel.
Haben Sie Süßstoff?
Nein, danke.
Möchten Sie etwas zu essen?
Haben Sie ein Schinkenbrot/Plätzchen/einen Schokoriegel/Chips? Danke.
Bitte schön.

B Betriebspraktikum in einem Büro

10.00 In der Rezeption

4a Rollenspiel: Du mußt die Besucher begrüssen.

Guten Tag. Kann ich Ihnen helfen?

Ich habe einen Termin bei Herrn/Frau Schulz.

Ihr Name, bitte?

....

Firma?

....

BESUCHER

....

Tragen Sie Ihren Namen und Ihr Autokennzeichen in das Buch ein.
Es ist jetzt ... Uhr.

Ich rufe ihn/sie mal an ...
Tut mir leid, er/sie ist mit einem Kunden zusammen. Er/Sie wird in fünf Minuten frei.
Nehmen Sie bitte Platz. Darf ich Ihnen eine Tasse Kaffee anbieten?

Danke.

Bitte.

4b Hör zu! Schreib das Formular ab und fülle es richtig aus. (1–6)

Name	Firma	besucht	Ankunft	Abfahrt
Frau Müller	Blitzschnell	Frau Siebers	8.15	

Braun
Schmidt
Müller
Freitag
Fischer
Hinkel

Glasmann
Automat
Neubau
Winkeltür
Blitzschnell
Selbermachen

Herrn **Slie**mann
Frau **Sieb**ers
Frau **Win**ter
Herrn **Bar**tsch
Herrn **Pam**puch
Frau **Grü**tzner

4c Du mußt Frau Zimmermann erzählen, wer um wieviel Uhr gekommen ist und wen er/sie besucht. Nimm es auf Kassette auf!

z.B. (Frau Müller) ist um (acht Uhr fünfzehn) gekommen, um (Frau Siebers) zu sprechen.

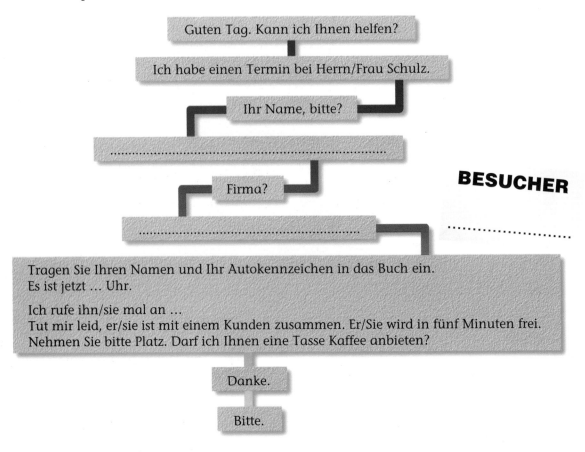

5a Rollenspiel: Jetzt mußt du Sebastian helfen.
Er braucht einige Telefonnummern der Firma Sterling Finance in London.

Partner A

Geschäftsführer
Mr Smith
43 25 98

Verkaufsleiterin
Mrs Johnson
43 63 92

Sterling Finance, Chris Stevens speaking.

Hier Firma Schnelldienst. Schönen guten Tag, ... am Apparat.

Was kann ich für Sie tun?

Ich brauche einen Namen und eine Telefonnummer, bitte.

Ja. Welche?

Also, wie heißt ...?

Er/Sie heißt ... , und seine/ihre Durchwahl lautet ...

Das war's. Vielen Dank. Auf Wiederhören!

Bitte schön. Wiederhören!

Partner B

Personalchef
Mr Watt
45 63 88

Designerin
Miss Davies
45 25 67

5b **i.** Hör zu! Du bist am Telefon.
Mit wem wollen sie sprechen? (1–6)

ii. Bereite vor, was du sagen wirst, und nimm es auf.

Einen Augenblick, ich verbinde.
Es tut mir leid, Herr/Frau ...
ist im Moment nicht da
spricht gerade
ist mit einem Kunden zusammen
ist in einer Besprechung
ist auf Urlaub
ist krank.

Herr Schumacher

Frau Gutkind

Frau Heine

Herr Berger

Frau Sükan

Herr Nerlich

6 Hör zu! Wie findet Sebastian die Arbeit?
Warum? Was hätte er lieber gemacht?

z.B. Er findet die Arbeit (interessant), weil ...

weil ... es Spaß ▲ macht
es zu viel/wenig zu tun gibt
es zu früh anfängt
man Kontakt zu Menschen hat
es langweilig/stressig ist

Verb: an/rufen = *to ring up*

Präsens	
ich rufe an	wir rufen an
du rufst an	ihr ruft an
er ruft an	sie rufen an
sie ruft an	Sie rufen an

Futur: Ich werde anrufen. = *I will ring.*
Perfekt: Ich habe angerufen. = *I have rung.*
Präteritum: Ich rief an. = *I rang/was ringing.*

Fragen: Rufst du an? Rufen Sie an? = *Are you ringing?*

Ruf mal an! = *Give (me) a ring!*
der Notruf = *emergency call*
Danke für den Anruf! = *Thanks for the call!*
das Rufzeichen = *ringing tone*

Lesefutter 3

Ich arbeite als Vorstandssekretärin in einer Bank. Mein Arbeitstag beginnt gewöhnlich um 8.30 Uhr. Mein Chef ist normalerweise vor mir da. Das erste, was ich mache, ist, die Zeitungen für die ganze Abteilung aus der Poststelle holen und verteilen. Dann setze ich einen Kaffee für meinen Chef auf.

die Vorstandssekretärin = *personal assistant*

Morgens besprechen mein Chef und ich zunächst den Tagesablauf, wer angerufen werden muß, welche Meetings anliegen, welche Reisen bevorstehen usw. Dann geht er um 9.30 Uhr in das tägliche Abteilungs-Meeting, und ich fange an, die verschiedenen Aufgaben auszuführen. Dies bedeutet, viele Telefonate zu tätigen, um Termine zu vereinbaren, Reisen zu buchen, Flugkarten zu bestellen, Auskünfte über Hotels zu finden, Übernachtungen zu buchen, Tische zu reservieren, Autos zu mieten usw.

Wenn wir Konferenzen ausrichten wollen, muß ich alles vorbereiten: den Raum, die Getränke, das Essen usw. Ich muß wenig tippen. Meine Arbeit besteht vielmehr aus der Organisation von Treffen und Reisen. Konferenzen organisieren ist ein großer Bestandteil meiner Arbeit. Sie ist sehr vielseitig und auch interessant.

Weil ich in einer Bank arbeite, muß ich auch viele Tabellen auf dem Computer schreiben, und weil mein Chef auf vielen Konferenzen zu Gast ist und viele Vorträge hält, muß ich auch Präsentationen erarbeiten. Natürlich muß ich auch Fotokopien machen, Telefaxe schicken, Besucher betreuen, Büromaterial besorgen und viele kleine Aufgaben erledigen. Und so geht der Tag schnell herum!

Meine wöchentliche Arbeitszeit beträgt 39 Stunden, aber wegen der vielen Reisen meines Chefs ist die Arbeitszeit sehr unregelmäßig. An den Tagen, wo er im Büro ist, muß ich länger bleiben, an anderen Tagen kann ich manchmal früher gehen.

A Was würdest du an dieser Arbeit gut finden?

z.B. Die Arbeit ist interessant, vielseitig ...

B Und was würdest du weniger gern machen?

Ich würde nicht gern ...

C Geschäftsreise nach Deutschland

Jetzt bist du dran. Du machst ein Praktikum bei der Firma Euromax. Mr Roberts fährt nach Deutschland. Du mußt seine Reise planen.

Programm des Besuches von Mr Roberts

Montag: Ankunft Flughafen Düsseldorf um 21.20, Flug LH 4057 aus Manchester

Dienstag: vorm. Besuch der Fabrik
nachm. Treff mit Verkaufsleiter, Herrn Blimp
abends zum Essen bei Herrn Blimp eingeladen

Mittwoch: vorm. Treff mit Frau Stein, Designerin
nachm. frei

Donnerstag: vorm. Treff mit Herrn Boff, Finanzdirektor
nachm. frei
abends Essen in der Altstadt mit Frau Stein

Freitag: vorm. Einkaufsbummel auf der Kö
nachm. Abflug um 16.45, Flugnummer LH 424

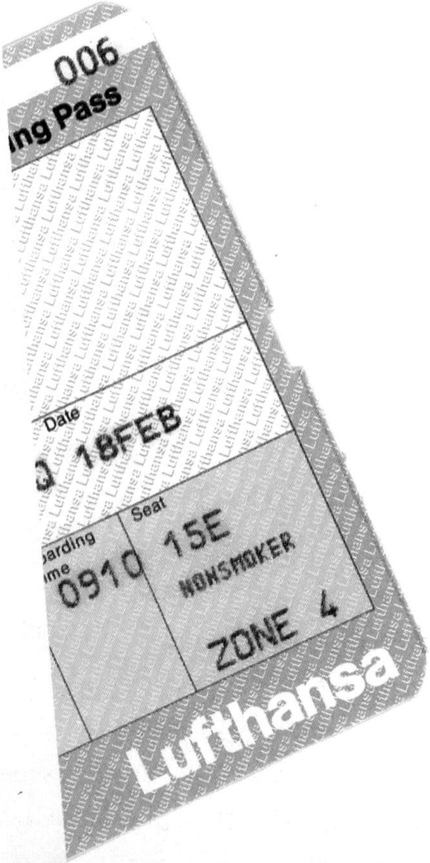

1a Hör zu! Renate ruft an und gibt dir einige wichtige Telefonnummern. Ordne sie den Hotels und Büros zu.

Hotel Stern	0211 56 22 81
Hotel Park	0211 22 83 15
Auskunftsbüro	0221 65 20 80
Reisebüro	0211 38 52 24
Flughansa	0231 83 25 42
Mietautos	0211 20 38 51

1b Rollenspiel: Du mußt das Hotel buchen.

Hallo. Hier Hotel Stern am Park.

Euromax Manchester, ... am Apparat.
Haben Sie ein Zimmer für 5 Nächte vom ... bis zum ... ?

Was für ein Zimmer?

Nein. Es tut mir leid.

Wir sind ausgebucht | Wir haben nur

Ja.

Wieviel kostet es?

... DM mit Frühstück.

Ja, gut. Ich nehme es. Der Name ist Roberts, Euromax, Manchester.

Vielen Dank. Auf Wiederhören.

Vielen Dank.

Auf Wiederhören.

Euromax *Manchester*

An: Hotel ..., Düsseldorf

Ich bestätige hiermit eine telefonische Reservierung für ...

1c Schicke ein Fax, um die Reservierung zu bestätigen.

2a Wann hat Mr Roberts frei, um sich mit Frau Karl zu treffen? Schreib ein Fax an Frau Karl, um ihr Bescheid zu sagen.

Herr Roberts ist vom ... bis zum ... in Düsseldorf.
Er möchte ... Er hat ... frei.
Bitte teilen Sie uns mit, wann es Ihnen paßt.
Hochachtungsvoll

4

2b **i.** Hör zu! Wann hat Frau Karl frei?

ii. Wann können sie sich treffen?

	vorm.	nachm.
Mo.	✔	✘

2c Du bist Mr Roberts. Du mußt ... (Wähl zwei Aufgaben aus.)
i. einen Bericht über deine Geschäftsreise nach Düsseldorf
ii. eine Postkarte an das Büro
iii. einen Brief an deine Familie schreiben.

2d Du mußt auf Kassette ... (Wähl zwei Aufgaben aus.)
i. deinen Kollegen erzählen, wie die Geschäftsreise gelaufen ist.
ii. (Mittwoch abend) im Büro anrufen und erzählen, was du schon gemacht hast.
iii. (Donnerstag abend) zu Hause anrufen und erzählen, wie es gelaufen ist und wann du zurückkommst.

Verb: (sich) treffen (mit) = *to meet*

Präsens

ich treffe mich	wir treffen uns
du triffst dich	ihr trefft euch
er trifft sich	sie treffen sich
sie trifft sich	Sie treffen sich

Futur: Wir werden uns um ... treffen.
Perfekt: Ich habe mich mit ... getroffen.
Wir haben uns getroffen.

der Treff der Treffpunkt das Treffen der Volltreffer

Meine Szene

A Familie und Zuhause

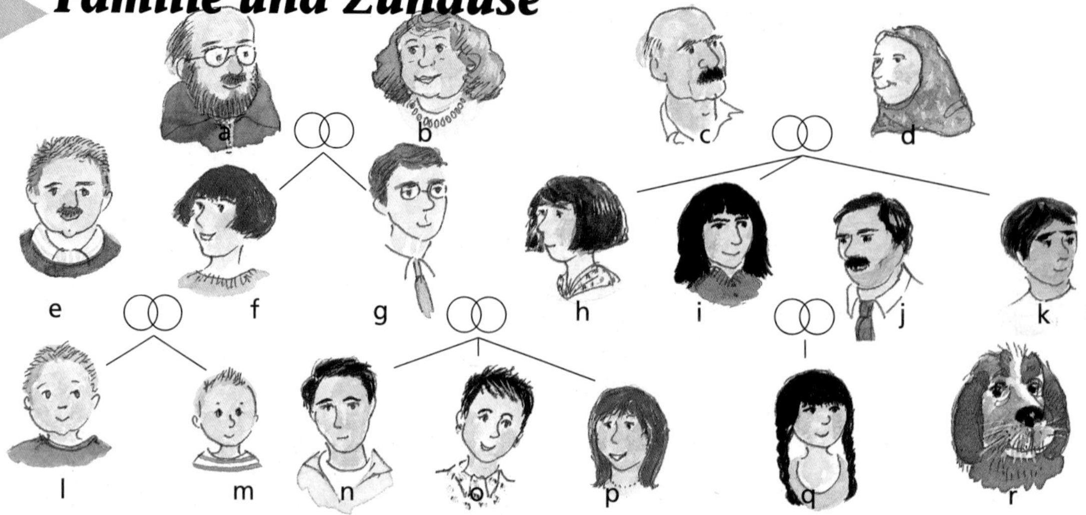

5

1a Hör zu! Wie heißen Silkes Verwandte? Wie alt sind sie?

z.B. o heißt Silke. Sie ist … Jahre alt.

1b Zu zweit. Stellt euch gegenseitig fünf Fragen über Silkes Familie.

z.B. Wie heißt ihre Mutter? Wie heißen ihre Tanten? Wann sind sie geboren?

1c Bereite einen Bericht über Silkes Familie vor. Schreib und nimm ihn auf.

z.B. Silkes Vater/Mutter heißt … Er/Sie ist …

Silke Er/Sie	hat	einen älteren/jüngeren Bruder, der eine ältere/jüngere Schwester, die	… heißt	und … Jahre alt	ist
		zwei ältere/jüngere Brüder, die zwei ältere/jüngere Schwestern, die	… heißen		sind
		keine Geschwister			
	ist	Einzelkind			
Sie haben auch	eine Katze, die einen Hund, der	… heißt			

1d **i.** Zu zweit. Was würden sie sagen? z.B. Susanne sagt: Ich habe …

ii. Schreib es auf!

2a Phantasiespiel: Deine deutschen Freunde haben dir ihre Familienfotos zugeschickt. Wähl eine Familie aus und beschreib sie. Schreib und nimm es auf.

z.B. Auf dem ersten Bild ist Jans Großvater. Er heißt ... und wohnt in ...
Er ist sehr nett und freundlich. ...

ganz	meistens
ziemlich	ab und zu
sehr	manchmal
oft	nie

neugierig	streng	gemein	ernst	launisch
ordentlich	großherzig	nett	witzig	böse

2b Wie sieht es bei dir aus? Beschreib deine Familie.

3a Wie hilfst du im Haushalt? Zu zweit. Interviewt euch gegenseitig.

- **a** aufräumen — Räumst du dein Zimmer auf?
- **b** decken — Deckst du den Tisch?
- **c** führen — Führst du den Hund spazieren?
- **d** füttern — Fütterst du das Kaninchen?
- **e** gießen — Gießt du die Blumen?
- **f** helfen — Hilfst du im Garten?
- **g** machen — Machst du die Einkäufe?
- **h** mähen — Mähst du den Rasen?
- **i** putzen — Putzt du die Fenster?
- **j** spülen — Spülst du?
- **k** waschen — Wäschst du das Auto?

1. Ja natürlich!
2. Nicht freiwillig.
3. Bestimmt nicht!
4. Jeden Tag!
5. Ab und zu.
6. Gar nicht!
7. Wir haben kein(en) ...
8. Nie!
9. Manchmal.
10. Wenn ich Geld brauche!
11. Immer.

3b Hör zu! Was machen Till und Helga? Schreib es auf!

z.B. Till: a 11, ... Helga: ...
Er/Sie räumt ...

3c Hör zu! Wie helfen sie im Haushalt? Machen sie das gern oder nicht? (5)
(✔) gern (–) es geht (✘) nicht gern
Bekommen sie Geld dafür? Wenn ja, wieviel?

z.B. 1 a ✘

3d **i.** Zu zweit. Stellt euch gegenseitig die Fragen:
Wie hilfst du im Haushalt?
Machst du das gern oder nicht?
Bekommst du Geld dafür?

ii. Schreib auf:

Ich helfe/mache/wasche ... usw.
Er/Sie hilft/macht/wäscht ...

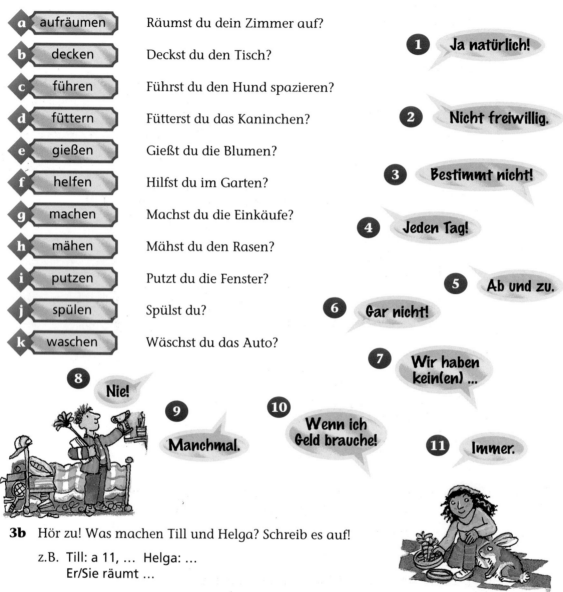

4a i. Zu zweit. Stellt euch gegenseitig die Fragen:
Kommst du gut mit deinen Eltern/Geschwistern aus? Warum?
Mit wem kommst du sonst gut aus? Warum?
Mit wem kommst du sonst nicht gut aus? Warum nicht?

ii. Schreib die Antworten auf.

<table>
<tr><td>Ich komme</td><td colspan="2">gut
nicht gut</td><td>mit</td><td>meinem Bruder/Vater/Freund
meiner Schwester/Mutter/Freundin</td><td>aus,</td></tr>
<tr><td rowspan="3">weil</td><td rowspan="2">er/sie</td><td colspan="4">... spielt
sich für ... interessiert
mich nervt
verwöhnt ist</td></tr>
<tr><td colspan="3">mich immer stört, wenn ich</td><td>meine Hausaufgaben mache
Freunde zu Besuch habe
Fernsehen gucke
ein bißchen Ruhe haben will</td></tr>
<tr><td>wir</td><td colspan="4">beide gern ins Kino gehen
beide gern Tennis spielen
die gleichen Sendungen im Fernsehen sehen
die gleiche Musik hören
unsere Hausaufgaben zusammen machen
die gleichen Freunde/Interessen haben</td></tr>
</table>

4b Hör zu! Mit wem kommen Till und Helga am besten aus? Warum?
Mit wem kommen sie nicht gut aus? Warum nicht?

z.B. Till: Mutter ✗, unordentlich

4c Silke kommt bald zu Besuch.
Schreib ihr einen Brief und berichte ihr über deine Familie.

Verb: aufräumen = *to tidy*

Präsens:

ich räume auf	wir räumen auf
du räumst auf	ihr räumt auf
er räumt auf	sie räumen auf
sie räumt auf	Sie räumen auf

Futur: ich werde aufräumen
Perfekt: ich habe aufgeräumt
Präteritum: ich räumte auf
Imperativ: Räum dein Zimmer auf!

Fragen: Räumst du auf? Räumen Sie auf?

der Raum das Raumschiff der Raumschiffahrer – der Astronaut
die Raumfahrt – Fahrt in einem Raumschiff

Die Geschichte der Anne Frank

Anne Frank wurde am 12. Juni 1929 in Frankfurt geboren. Sie war Jüdin. Im Jahr 1933 begannen die Nationalsozialisten, den Juden das Leben in Deutschland immer schwerer zu machen. Deshalb zog die Familie nach Holland. Im Amsterdam eröffnete Annes Vater sein Geschäft.

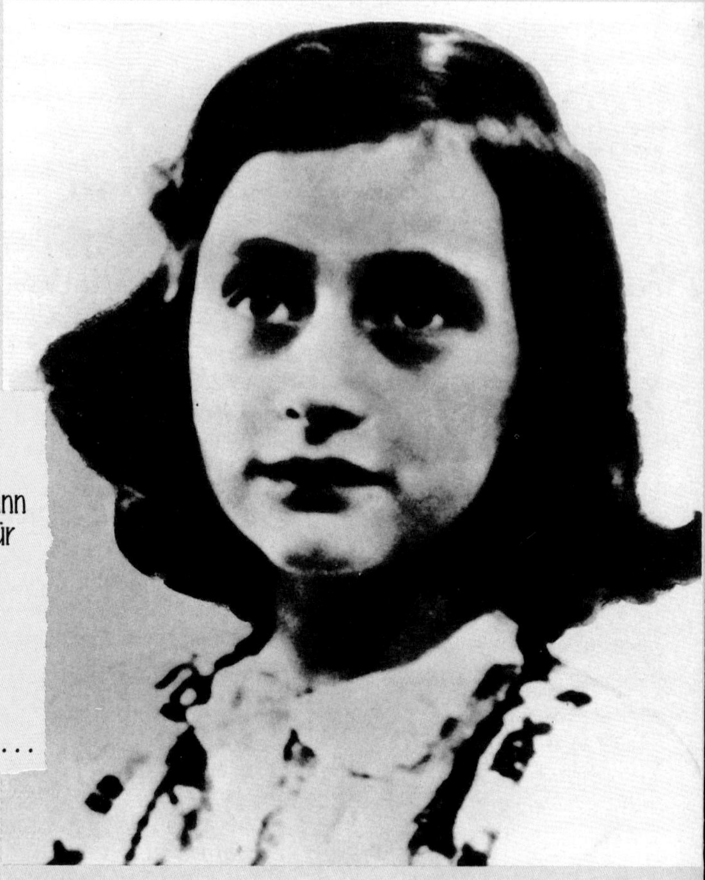

20. Juni 1942

... Ab Mai 1940 ging es bergab mit den guten Zeiten: erst der Krieg, dann die Kapitulation, dann der Einmarsch der Deutschen, und das Elend für uns Juden begann. Judengesetz folgte auf Judengesetz, und unsere Freiheit wurde sehr beschränkt.

Juden müssen einen Judenstern tragen;
Juden müssen ihre Fahrräder abgeben;
Juden dürfen nicht mit der Straßenbahn fahren ...

das Elend = *misery*
das Gesetz = *law*
beschränken = *to limit*

Millionen Juden wurden von den Deutschen unter Hitler ermordet.

Ebenfalls 1942 wurde Anne 13 Jahre alt. Zum Geburtstag bekam sie von ihren Eltern ein Tagebuch. Auf die erste Seite schrieb sie: „Ich werde, hoffe ich, Dir alles anvertrauen können ... und ich hoffe, du wirst mir eine große Stütze sein."

die Stütze = *support*

Einige Wochen später bekam Margot, Annes ältere Schwester, ein Aufgebot. Sie sollte nach Deutschland in ein Arbeitslager gehen. Ihre Eltern hatten Angst. Sie wollten nicht, daß Margot ginge. Sie versteckten die ganze Familie und einige Freunde in einer kleinen Wohnung im Hinterhaus in der Prinsengracht 263, wo Annes Vater arbeitete.

Ihr Tagebuch wurde nun zu Annes bestem Freund.

Im August 1944 verriet jemand die Familie. Die Polizei brachte sie in ein holländisches Konzentrationslager, und dann nach Auschwitz in Polen. Anne und Margot wurden später nach Deutschland in das Konzentrationslager Bergen-Belsen weitergeschickt, wo sie einige Wochen vor der Befreiung des Lagers starben.

Einzig Annes Vater überlebte. Er kehrte im Juni 1945 nach Amsterdam zurück. Annes Tagebuch war von ihrer Freundin Miep Gies gerettet und aufbewahrt. Es wurde 1947 veröffentlicht und ist in etwa 60 Sprachen übersetzt worden.

ein Aufgebot = *summons*
verriet (verraten) = *betrayed*
veröffentlichen = *to publish*
übersetzen = *to translate*

- Was weißt du über Anne Frank?
- Wann und wo wurde sie geboren?
- Wie viele Geschwister hatte sie?
- Wer (oder was) war ihr bester Freund?
- Warum mußte die Familie sich verstecken?

B Mein Zuhause

1a Wer wohnt in welchem Haus?

Unser Haus ist ein Mehrfamilienhaus in einem Vorort der Stadt. Ich finde das Haus gut, weil wir einen großen Garten haben, wo wir im Sommer grillen können, aber was ich nicht so gut finde, ist, daß wir zu weit von der Stadt entfernt sind und hier nichts los ist. Ich muß immer mit dem Bus in die Stadt fahren. Das kostet eine Menge Geld!

Bernd

Unser Haus ist ein zweistöckiges Doppelhaus in einem Ortsteil von Dortmund. Wir haben einen kleinen Garten vor und hinter dem Haus. Das Haus ist ziemlich alt und ein bißchen klein, aber ich wohne hier gern, weil immer viel los ist und das Haus nicht weit von der Schule und von meinen Freunden entfernt ist. Hier kann man sich nicht langweilen. Es gibt eine Grünanlage mit Kinderspielplatz für die Kleinen und ein Freibad in der Nähe.

Tanja

Ich wohne in der Altstadt in einem alten Fachwerkhaus. Das Haus ist groß, aber wir haben keinen Garten und keine Garage, und die Zimmer sind klein. Das Auto muß auf der Straße stehen, und wir können nicht draußen sitzen, aber die Stimmung in der Innenstadt finde ich gut, besonders abends. Es ist immer viel los, aber leider gibt es auch ziemlich viel Verkehr und Schmutz, und in den Ferien kommen viele Touristen, um die Stadt zu besichtigen.

Sebastian

1b Zu zweit. Lest jeder einen Text vor.

1c **i.** Zu zweit. Was sind die Vorteile und Nachteile ihrer Häuser?

z.B.

	Vorteile	**Nachteile**
Bernds Haus:	hat einen Garten	ist zu weit von der Stadt entfernt...

ii. Schreib es auf!

1d Hör zu! Wo wohnen sie? (1–4)
Wohnen sie gern da oder nicht? Warum?

z.B. 1 Vorort. Gern, ruhig
Er wohnt in einem Vorort. Er wohnt da gern, weil es ruhig ist.

2a Zu zweit. Interviewt euch gegenseitig:

i. Wo wohnst du?

Ich wohne	in einer großen Stadt/einem kleinen Dorf/einem Tal/den Bergen an der Küste/einem Fluß auf dem Lande

ii. In was für einem Haus wohnst du?

Ich wohne	in einem Reihenhaus/Einfamilienhaus/Doppelhaus/Wohnblock/ Mehrfamilienhaus/Gasthaus/Wohnwagen auf einem Bauernhof
Das Haus ist ziemlich groß/klein/alt/neu/... Wir haben (k)einen Garten ...	

iii. Wohnst du da gern oder nicht? Warum?

Ich wohne da (nicht) gern, weil ...

2b Bernd kommt bald zu Besuch.
Schreib ihm einen Brief und erzähl ihm über dein Haus.

z.B. Ich wohne ...
Das Haus ist ... Es ist ... Es gibt ...
Ich wohne gern/nicht gern da, weil ...

B Mein Zuhause

Brittas Haus

Kennst du ein Wort nicht?
Schau mal im Wörterbuch nach!

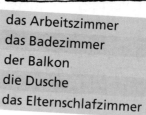

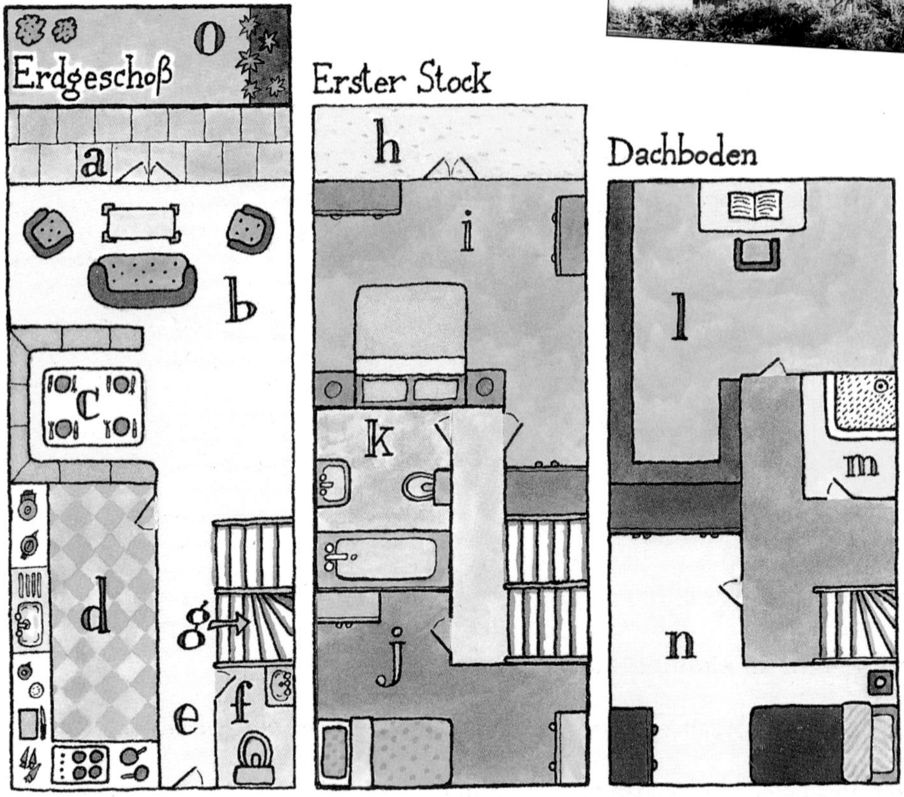

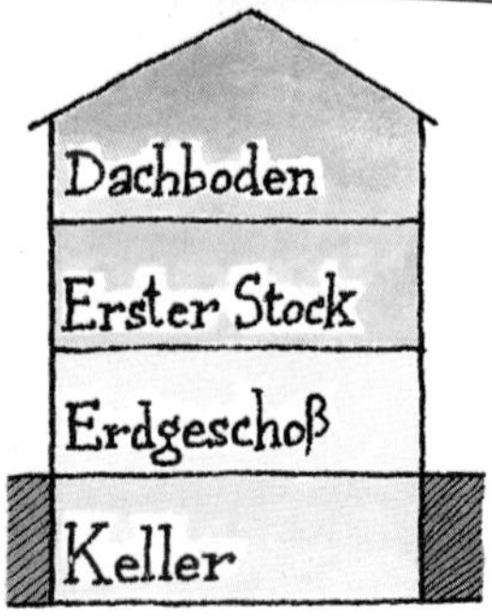

die Eßecke
der Flur
die Garage
der Garten
das Gästezimmer
die Gästetoilette
der Keller
die Küche
das Schlafzimmer
die Terrasse
das Wohnzimmer
das Arbeitszimmer
das Badezimmer
der Balkon
die Dusche
das Elternschlafzimmer

3a Zu zweit. Wie heißen die Zimmer?

z.B. d ist die Küche.

3b **i.** Brainstorming. Was macht man in den verschiedenen Zimmern?

ii. Mach eine Liste.

z.B. Im Keller bewahrt man die Getränke auf.
Man kann dort auch Tischtennis spielen.

Mask.	**Fem.**	**Neutr.**
im Flur	in der Küche	im (Wohn)zimmer
auf dem Balkon	auf der Terrasse	

3c Vergleich dein Haus und Brittas Haus.

z.B. Britta wohnt ... Ich wohne ...
Ihr Haus ist moderner/älter/größer/ ... **als** unser Haus.
Unser Garten ist nicht **so** groß **wie** ihr Garten.

Mein Zimmer beschreiben? Puh. Gar nicht so leicht! Also, wenn ich die Tür öffne, sehe ich als erstes eine mit Postern fast zutapezierte Schrägwand, unter der mein Bett steht. Ein tolles Bett aus hellem Holz und schön groß. Nur senkrecht aufsetzen darf ich mich nicht, sonst hole ich mir eine Beule am Kopf! Neben dem Bett steht das Regal für Videos und CDs.

Von der Tür aus gesehen steht rechts ein Schreibtisch, der von einer Regalwand für meine Bücher umgeben ist. In der kleinen Glasvitrine über dem Schreibtisch stapelt sich ein Großteil meiner Kitschsammlung. Der Rest ist im Zimmer verstreut. Ach ja, links neben dem Schreibtisch steht die Stereoanlage. Ein tolles Teil.

Gegenüber der Regalwand ist ein Fenster, daneben ein Regal, auch aus hellem Holz. Unter dem Regal steht eine knallbunte Couch. Nicht gerade super bequem, aber besser als gar nichts. Vor der Couch steht ein süßer Glastisch, leider verstaubt das Ding dauernd. An der Wand, die noch frei ist, steht der Kleiderschrank, und daneben hängt ein Spiegel über einer Schminkkommode.

So, das wär's. Ich brauche nicht zu erwähnen, daß in meinem Zimmer meistens Chaos herrscht. Aber mein Chaos ist geordnet ... das heißt, was ich suche, finde ich ... im Gegensatz zum Zimmer meines Bruders!

Britta

4a Was hat Britta in ihrem Zimmer? Mach eine Liste.

4b Hör zu! Ihr Bruder Rolf beschreibt sein Zimmer. Was hat er in seinem Zimmer?

4c **i.** Zu zweit. Vergleicht Brittas und Rolfs Zimmer.

ii. Schreib es auf!

Brittas Zimmer ist/hat ... Sein/Ihr Zimmer ist größer ...
Er/Sie hat mehr/weniger ...

4d Wie sieht dein Zimmer aus? Schreib einen Bericht und nimm ihn auf Kassette auf.

Ich teile ein Zimmer mit meinem Bruder/meiner Schwester.
Ich habe ein eigenes Zimmer.
Mein Zimmer ist ziemlich klein/groß/gemütlich/(un)ordentlich/...

Verb: wohnen = *to live*

Präsens	
ich wohne	wir wohnen
du wohnst	ihr wohnt
er wohnt	sie wohnen
sie wohnt	Sie wohnen

Futur: ich werde in ... wohnen = *I will live in ...*
Perfekt: ich habe in ... gewohnt = *I have lived in ...*
Präteritum: ich wohnte in ... = *I used to live in ...*

Fragen: Wo wohnst du? Wo wohnen Sie?

Wie lange wohnen Sie schon hier? Ich wohne hier seit acht Jahren.
die Wohnung eine Mietwohnung ein Wohnwagen das Wohnzimmer

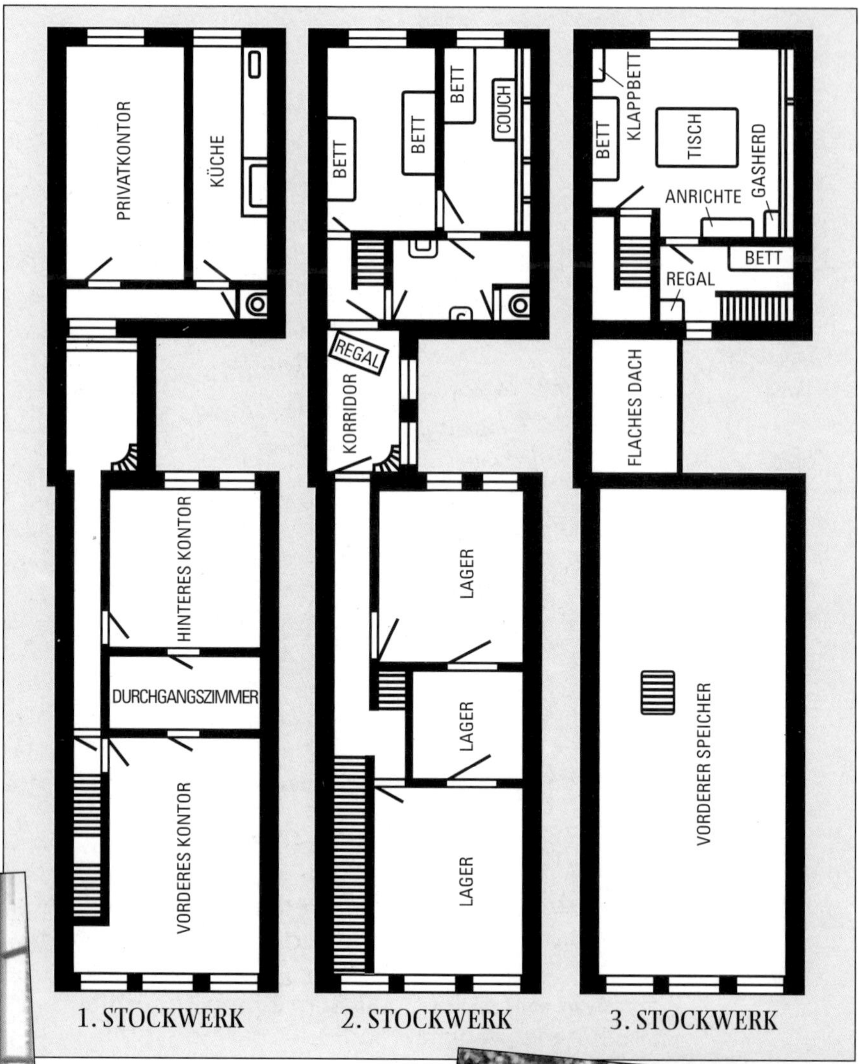
PRIVATKONTOR
KÜCHE
HINTERES KONTOR
DURCHGANGSZIMMER
VORDERES KONTOR
BETT
BETT
BETT
COUCH
REGAL
KORRIDOR
LAGER
LAGER
LAGER
KLAPPBETT
BETT
TISCH
GASHERD
ANRICHTE
BETT
REGAL
FLACHES DACH
VORDERER SPEICHER
1. STOCKWERK
2. STOCKWERK
3. STOCKWERK

das Drehregal

Anne Frank

Ein Besuch im Anne-Frank-Museum

Am Donnerstag war ich mit meiner Klasse in Amsterdam. Wir haben das Haus von Anne Frank besucht. Im Deutschunterricht hatten wir „Das Tagebuch der Anne Frank" gelesen. Anne Frank war ein jüdisches Mädchen, das sich während der Zeit des Nationalsozialismus mit seinen Eltern in Holland verstecken mußte.

Das Haus ist zum großen Teil unverändert. Dort ist das Anne-Frank-Museum zu besichtigen. Wir Schülerinnen und Schüler gingen hinter unserer Klassenlehrerin durch einen engen Eingang und dann eine sehr schmale und steile Treppe hoch.

Dann gingen wir durch den geheimen Durchgang hinter dem Drehregal in die Räume, wo Anne und die anderen gewohnt hatten. Es ist schwer vorstellbar, wie acht Menschen in so kleinen Zimmern wohnen konnten. Sie mußten den ganzen Tag stillbleiben.

In Annes Zimmer waren an der Wand noch einige von ihren Bildern, von denen sie in ihrem Tagebuch berichtet hatte. Es war ein seltsames Gefühl, vor dieser Wand zu stehen und zu wissen, daß genau dort auf diesem Bett Anne in ihr Tagebuch geschrieben und sich hier so oft in den Schlaf geweint hatte. *Die meisten von uns konnten kaum noch sprechen, so nahe ging uns dieses Erlebnis.

Petra Lettau

**Most of us could hardly speak, we were so moved by the experience.*

A Wie viele und welche Zimmer gab es im „Hinterhaus"?
Welche Nachteile gab es?

B Vergleich dein Haus und das „Hinterhaus".
Vergleich dein Zimmer und Annes Zimmer.

C Hättest du da gern gewohnt? Warum?

z.B. Ich hätte da nicht gern gewohnt, weil ...

C Die Umgebung

Düsseldorf/Nordrhein-Westfalen

Ich wohne hier seit elf Jahren. Früher habe ich in einem kleinen Dorf gewohnt. Ich wohne hier gern, weil die Stadt schön ist und man so viel unternehmen kann. Es ist immer viel los. Wenn man sich was Kulturelles wünscht, kann man ins Kino gehen, ins Theater oder in die vielen Museen, und es gibt auch oft Konzerte. Zum Sporttreiben gibt es mehrere Clubs, Tennishallen, Schwimmhallen, Sportvereine usw. Wenn man sich andere Freizeitmöglichkeiten wünscht, kann man radfahren – es gibt mehrere Radwege – oder man kann sich in den vielen Parks ausruhen. Meine Freunde wohnen alle in der Nähe, und es gibt ein großes Shoppingrevier, wo man rumbummeln kann, und eine schnelle U-Bahn, mit der man schnell in die Stadt kommt. Was ich nicht so gut finde, ist: daß viel Verkehr ist – das heißt viel Abgase, viel Schmutz und viel Lärm.

Marc

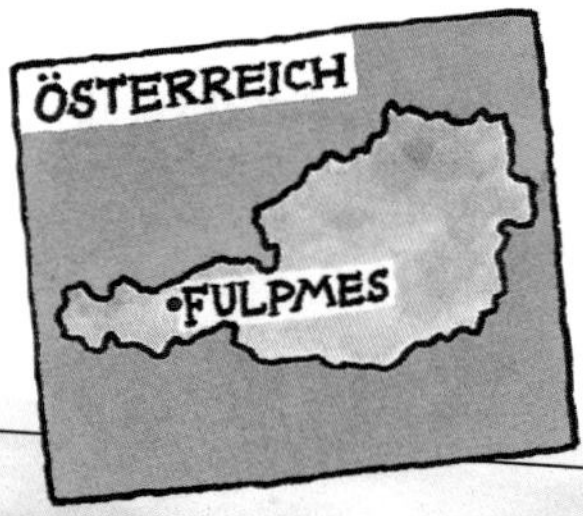

Fulpmes/Tirol (Österreich)

Ich bin hier geboren, und ich wohne gern hier. Im Sommer gehe ich gern in die Berge wandern, und im Winter laufe ich gern Ski und fahre gern Snowboard. Die Landschaft ist schön, und die Luft ist frisch. Was ich nicht so gut finde, sind die vielen Touristen, die zum Skilaufen in ihren eigenen Autos kommen. Die machen so viel Schmutz, und die Straßen sind eng und schnell verstopft. Wenn man in die Großstadt fahren will, ist es ein bißchen weit, aber ich wohne lieber auf dem Lande. Ein Nachteil ist, daß man so früh aufstehen muß, um zur Schule zu fahren. Der Bus fährt nämlich um halb sieben los, und wir kommen meistens erst gegen 18 Uhr zurück.

Verena

1a i. Zu zweit. Was gibt es in Düsseldorf und in Fulpmes zu tun und zu besichtigen? Welche Vor- und Nachteile nennen Marc und Verena?

ii. Schreib die Antworten auf.

Fulpmes für Besucher

Freizeit- und Sportmöglichkeiten im Sommer

Schwimmen Tennis Angeln Minigolf Paragleiten Drachenfliegen Kegeln Schießstand Billard Radfahren Wandern Bergsteigen Kino Schmiedemuseum Sauna Sommerskilauf Rafting Bungy-Jumping Klettern

Freizeit- und Sportmöglichkeiten im Winter

Abfahrtsskilauf Skilanglauf Snowboardfahren Rodeln Eislaufen Eisstockschießen Tennis Paragleiten Drachenfliegen Kegeln Billard Wandern Kino Sauna Solarium Schwimmen

Shopping

Supermärkte Mode-, Trachtenmode- und Sportmodegeschäfte Schuhgeschäfte Schmuckgeschäfte Blumengeschäfte Drogerie Tabakwarengeschäfte Buchhandlung Skischulen Skiverleih Fotoladen Metzger Bäckerei Eisenwarengeschäft

1b Du hast eine Woche bei Verena/Marc verbracht. Was hast du alles unternommen?

i. Mach eine Liste.

z.B. Ich habe … gesehen. Ich bin (schwimmen) gegangen.

ii. Schreib eine Postkarte an Knut in Deutschland.

iii. Schreib einen Brief an Daniela und erzähl ihr, was ihr alles unternommen habt und ob es Spaß gemacht hat.

2 Wo wohnst du, in einer Großstadt oder einem Dorf?
Welche Sehenswürdigkeiten und Freizeitmöglichkeiten gibt es?
Was sind die Vor- und Nachteile?
Wo würdest du am liebsten wohnen? Warum?

Verb: nehmen = *to take*

Präsens

ich nehme	wir nehmen
du nimmst	ihr nehmt
er nimmt	sie nehmen
sie nimmt	Sie nehmen

Futur: ich werde … nehmen
Perfekt: ich habe … genommen
Präteritum: ich nahm

Fragen: Nimmst du? Nehmen Sie?

unternehmen = *to undertake*

Freizeitbereich

A Freizeit

1a Brainstorming. Mach in zwei Minuten eine Liste von Freizeitbeschäftigungen.

z.B. Schwimmen, Lesen, Faulenzen

1b Hör zu! (2)

i. Was machen sie gern in ihrer Freizeit? ✔

ii. Was machen sie nicht gern? ✘

iii. Was würden sie gern probieren? Warum? **?**

z.B. 1 ✔ Mofa ✘ Volleyball **?** Paragleiten: cool

Bungy-Jumping	Snowboardfahren	Klettern	Kajakfahren
Paragleiten	Fallschirmspringen	Canyoning	Wildwasserrafting

Weil es Spaß macht!

Weil es cool ist!

Weil es gefährlich ist!

1c Wie hießen die Fragen? Schreib sie in Du- und Sieformen auf.

z.B. Duzen: Fährst/Spielst/Liest du … ?
Siezen: Fahren Sie … ? usw.

a Ja, ich sehe am liebsten Serien.

b Ja, ich gehe mit meiner Freundin in die Tanzschule.

c Nein. Radfahren kann ich nicht leiden.

d Faulenzen und mich mit meinen Freunden treffen.

e Ich bin nicht so sehr sportlich.

f Gitarre.

g Ja, besonders in einem Freibad.

h Nein. Ich habe Angst vor Pferden.

i Ein spannendes Buch, ja.

j Ja, besonders Rockmusik höre ich immer gern.

Ein Interview mit *Sigi*

Name *Siegfried Gemsbock*

Alter *28 Jahre*

Geburtsort *Garmisch-Partenkirchen*

Beruf *Sportler*

Was ist Ihr Lieblingsessen? *Pizza und Eis, besonders Zitroneneis*

Was ist Ihre Lieblingssportart? *Snowboarding und Klettern*

Was machen Sie am liebsten in Ihrer Freizeit? *Lesen, Videos gucken, mich sonnen*

Spielen Sie lieber Tennis oder Tischtennis? *Tennis!*

Was machen Sie sonst noch gern? *Reisen. Ich möchte gern eine Weltreise machen.*

Was würden Sie gern lernen? *Ich würde gern mal paragleiten lernen.*

Warum? *Weil es Spaß macht. Man braucht kein Benzin, macht keinen Schmutz. Ich habe es einmal versucht. Man fliegt wie ein Vogel. Es ist alles ruhig und still, man sieht alles von oben und macht keinen Lärm. Cool!*

Und was machen Sie gar nicht gern? *Stadtbesichtigungen, und Museen kann ich nicht leiden!*

2a Schreib einen Artikel über Sigi.

z.B. Er ist ... Er ... am liebsten ...
Er spielt lieber ... als ... Er würde auch gern ...
Er möchte gern ... lernen.
Er macht ... gar nicht gern.
Er kann ... nicht leiden.

2b i. Zu zweit. Interviewt euch gegenseitig: Was ist dein Lieblingsessen? usw.

ii. Bereite einen Vortrag vor und nimm ihn auf.

z.B. Ich esse am liebsten ... Ich spiele lieber ... als ...
Mein Partner/Meine Partnerin ißt ... Er/Sie spielt ...

Feierabend

Heute mache ich meine Hausaufgaben, dann übe ich Klavier, gehe mit dem Hund raus, esse zu Abend, decke den Tisch ab, gucke ein bißchen Fernsehen und gehe schon um neun Uhr ins Bett, weil ich so früh aufstehen muß.

Torsten

Heute gehe ich gleich nach der Schule in die Stadt und treffe mich mit meinen Freunden. Wir essen bei McDonalds und gehen dann ins Kino. Nach dem Kino gehen wir Schlittschuh laufen. Ich muß spätestens um halb neun wieder zu Hause sein, um meine Hausaufgaben zu machen, bevor ich ins Bett gehe.

Corinna

Heute nach der Schule gehe ich zum Training im Schwimmverein. Wir machen entweder Fitneßtraining in der Sporthalle oder Wassertraining im Becken. Das dauert zwei Stunden. Danach essen wir gemeinsam im Café, und dann gehe ich nach Hause und schlafe etwas, oder ich mache meine Hausaufgaben. Später rufe ich ein paar Freunde an, und wir gehen in die Stadt oder hängen rum und flirten oder so.

Andreas

Um 13 Uhr fahre ich nach Hause, tue das Essen in die Mikrowelle, lasse den Hund in den Garten raus und rufe meinen Freund an. Entweder kommt er zu mir, oder ich gehe zu ihm, und wir hören Musik oder spielen Segaspiele oder so. Um 18 Uhr ist Abendessen, und danach mache ich meine Hausaufgaben, sehe ein bißchen fern oder lese und gehe ins Bett.

Britta

3a Zu zweit. Lest jeder einen Text vor.

3b Was machen sie heute, wenn die Schule aus ist? Mach eine Liste.

z.B. Andreas: zwei Stunden Training, essen im Café ...

3c Hör zu! Am nächsten Tag.

i. Wer spricht?

ii. Was haben sie gestern gemacht?

z.B. Torsten hat seine Hausaufgaben gemacht, ...
Andreas ist in die Stadt gegangen, ...

Heute abend	mache ich ... gehe ich ...
Gestern	habe ich ... gemacht bin ich ... gegangen

3d **i.** Zu zweit. Stellt euch gegenseitig die Fragen:
Was machst du heute abend?
Was hast du gestern gemacht?

ii. Schreib die Antworten auf.

4a Rollenspiel: Was machen wir heute abend?

Hallo, ... Was machst du heute abend?

Das weiß ich nicht.

Gehen wir ins Kino?

Ja, gute Idee! Was läuft? | Nein. Ich habe keine Lust/kein Geld.

....

Wer spielt?

.../Ich weiß es nicht.

Wann beginnt der Film?

Um ... .

Wieviel kostet es?

4,50 DM.

Wo treffen wir uns?

In der Stadt/Vor dem Kino/Bei mir zu Hause/An der Bushaltestelle.

Gut. Um (halb sieben), (in der Stadt). Bis dann, tschüs!

Tschüs!

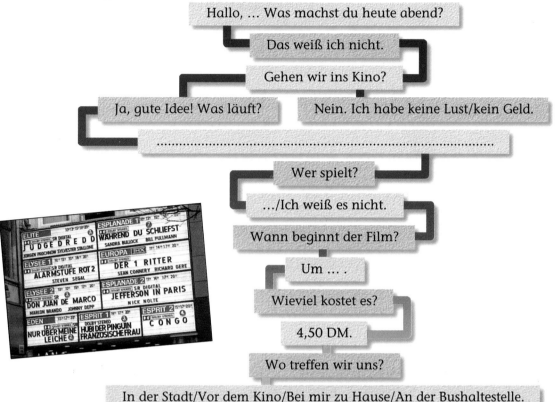

4b Du willst Benjamin einladen.
Hinterlaß eine Mitteilung auf seinem Anrufbeantworter.
Nimm sie auf Kassette auf.

Hallo, Benjamin. Hier ist ...
Wir gehen ins Kino, um ... zu sehen.
Wir treffen uns um ...
Es kostet ... Kommst du mit? Tschüs!

4c Zu zweit. Wie war der Film?
Findet einen Film für jeden Ausdruck.
Schreibt eine Liste und vergleicht sie mit anderen Schülern.

Gut! | Tierisch gut! | Ätzend! | Geil! | Zum Weinen!

Verb: rad/fahren = *to ride a bike*

Präsens		
ich fahre Rad	wir fahren Rad	**Futur:** wir werden radfahren
du fährst Rad	ihr fahrt Rad	**Perfekt:** ich bin radgefahren
er fährt Rad	sie fahren Rad	**Präteritum:** ich fuhr Rad
sie fährt Rad	Sie fahren Rad	**Fragen:** Fährst du Rad? Fahren Sie Rad?

Fußball

Schon im 4. Jahrhundert vor Christus fanden in China Fußballspiele statt. 1874 wurde Fußball durch einen englischen Austauschschüler in Braunschweig eingeführt. Heute ist Fußball die populärste Sportart in der Bundesrepublik. Fast jeder Ort hat einen eigenen Fußballverein.

Der erste Fußballverein Deutschlands wurde 1878 in Hannover gegründet. (Die Football Association in England wurde schon fünfzehn Jahre früher, d.h. im Jahre 1863, gegründet.) Die ersten Weltmeisterschaften fanden 1930 in Uruguay statt. Der erste Weltmeister war die Gastgebermannschaft Uruguay.

Bayern München hat den Europapokal und den UEFA Pokal dreimal in Folge (1974–76) gewonnen. Die deutsche Mannschaft hat die Weltmeisterschaften 1990 gewonnen. Fußball wird langsam auch bei Frauen ein sehr beliebter Sport und nicht nur zum Zuschauen. Viele Frauen spielen jetzt auch selbst Fußball, und es gibt eine deutsche Damen-Nationalmannschaft.

statt/finden = *to take place*
ein/führen = *to introduce*
der Ort = *place/town*
eigen = *own*
der Verein = *club*

gründen = *to found*
schon = *already*
früher = *earlier*
d.h. (das heißt) = *that is*
der Gastgeber = *host*
die Mannschaft = *team*

beliebt = *popular*
zuschauen = *to be a spectator*

der Schiedsrichter

die deutsche Mannschaft 1993

der Linienrichter

das Tor

der Torwart

die Tribüne

Steckbrief **ein deutscher Nationalspieler**

Name: Jürgen Klinsmann

Position: Stürmer

Geburtsdatum/-ort: 30. Juli 1964 in Göppingen

Sternzeichen: Löwe

Größe/Gewicht/Schuhgröße: 1,81m/76kg/44

Spitzname: „Klinsi"

Familie: Vater Siegfried (Bäckermeister), Mutter Martha, 3 Brüder

Schulabschluß: Mittlere Reife

Erlernter Beruf: Bäcker

Hobbys: Musik, Reisen, Sprachen

Mein Lebensmotto/Wahlspruch: „Take it easy!"

Wovor ich große Angst habe: vor Krankheiten und Krieg

Von welchem Beruf ich als kleiner Junge geträumt habe: Pilot

Mein liebstes Kleidungsstück: Jeans

Lieblingsmusik: Reggae, Rock und italienische Musik

Worüber ich Tränen lachen kann: über den Film „Das Dschungelbuch"

Lieblingsstadien: Olympiastadion (Bayern-München), San Siro (Mailand/Italien), White Hart Lane (Tottenham/London), Anfield Road (Liverpool).

Mein liebstes Urlaubsziel: Amerika

Ein kleiner Junge sitzt auf der Ehrentribüne.
Der Herr, der neben ihm sitzt, fragt überrascht: „Woher hast du denn die Karte?"
„Von meinem Vater."
„Und wo ist dein Vater?"
„Zu Hause."
„Was macht er dort?"
„Er sucht die Karte!"

- Wie sieht es bei dir aus?
- Bist du Fußballfan? Hast du eine Lieblingsmannschaft?
- Hast du einen Lieblingsfußballer? Guckst du gern Fußball im Fernsehen?
- Guckt dein Vater oder deine Mutter gern Fußball?

B Einen Ausflug machen

Klassenfahrt nach München

1. Tag

Bis 16 Uhr Anreise in der Jugendherberge

17 Uhr Leiterbesprechung, Begrüßung und Erklärung der Hausordnung durch den Herbergsvater

18 Uhr Abendessen

2. Tag

7.30 Uhr Frühstück

9.30 Uhr Stadtbesichtigung – Dauer ca. 2 Stunden

12 Uhr Mittagessen in der JH

13 Uhr Abfahrt nach Starnberg und zum Starnberger See

14.30 Uhr Schiffsfahrt auf dem See

18 Uhr Abendessen

3. Tag

7 Uhr Frühstück

8 Uhr Abfahrt zum Erlebnisbad Alpamare in Bad Tölz

16 Uhr Abfahrt vom Alpamare

18 Uhr Abendessen

4. Tag

7.30 Uhr Frühstück

9 Uhr Abfahrt zum Deutschen Museum

9.30 Uhr Beginn der Führung – Dauer ca. 2 Stunden

12.30 Uhr Mittagessen

13.30 Uhr Abfahrt zu den Bavaria-Film-Studios – Dauer ca. 1,5 Stunden

18 Uhr Abendessen

5. Tag

7.30 Uhr Frühstück

9 Uhr Abfahrt zum Olympiapark

9.30–11.30 Uhr Besuch des Parks. Dauer 2 Stunden

Lunchpakete zum Mitnehmen

Heimreise

Abends nach freier Verfügung. Freizeitbereich in der Jugendherberge: Bar, Tischtennis, Billard, Brettspiele, Unterhaltungs-, Fernseh- und Videoräume vorhanden.

1a Zu zweit. Ihr macht mit. Stellt euch gegenseitig die Fragen:
Was machst du? Was hast du schon gemacht? Was wirst du noch machen?

i. Zweiter Tag 15 Uhr
ii. Dritter Tag 19 Uhr
iii. Vierter Tag 14 Uhr
iv. Fünfter Tag 15 Uhr

1b Welcher Tag war es?

Es war der erste/zweite/... Tag.

a

Heute sind wir im Freibad geschwommen. Das Wetter war sehr heiß, und ich habe einen starken Sonnenbrand gekriegt. Jetzt habe ich entsetzliches Kopfweh.

b

Gestern abend sind wir ins Kino gegangen, das hat Spaß gemacht. Der Tag war ein bißchen langweilig, wir haben eine Stadtbesichtigung gemacht, und, da ich München schon ziemlich gut kenne, fand ich es wenig interessant.

c

Heute früh sind Peter und Sabine abgehauen. Sie meinten, sie wollten nicht ins Museum. Dann war die Hölle los ... Wir mußten eine Stunde vor dem Museum warten, und heute abend gibt es Stubenarrest: Wir dürfen unsere Zimmer nicht verlassen.

d

Den Park fand ich ein bißchen langweilig, weil an dem Tag nicht viel los war. Ich hätte lieber einen Stadtbummel gemacht. Ich wollte ein Billabong Sweatshirt, das ich bei „Sportler" gesehen hatte, für Thomas zum Geburtstag kaufen. Kommst du zu seiner Geburtstagsfete?

1c Hör zu! Welcher Tag ist es? (1–4)
Wie war das Wetter? Hat es Spaß gemacht?

Eine Reise durch Deutschland und Österreich

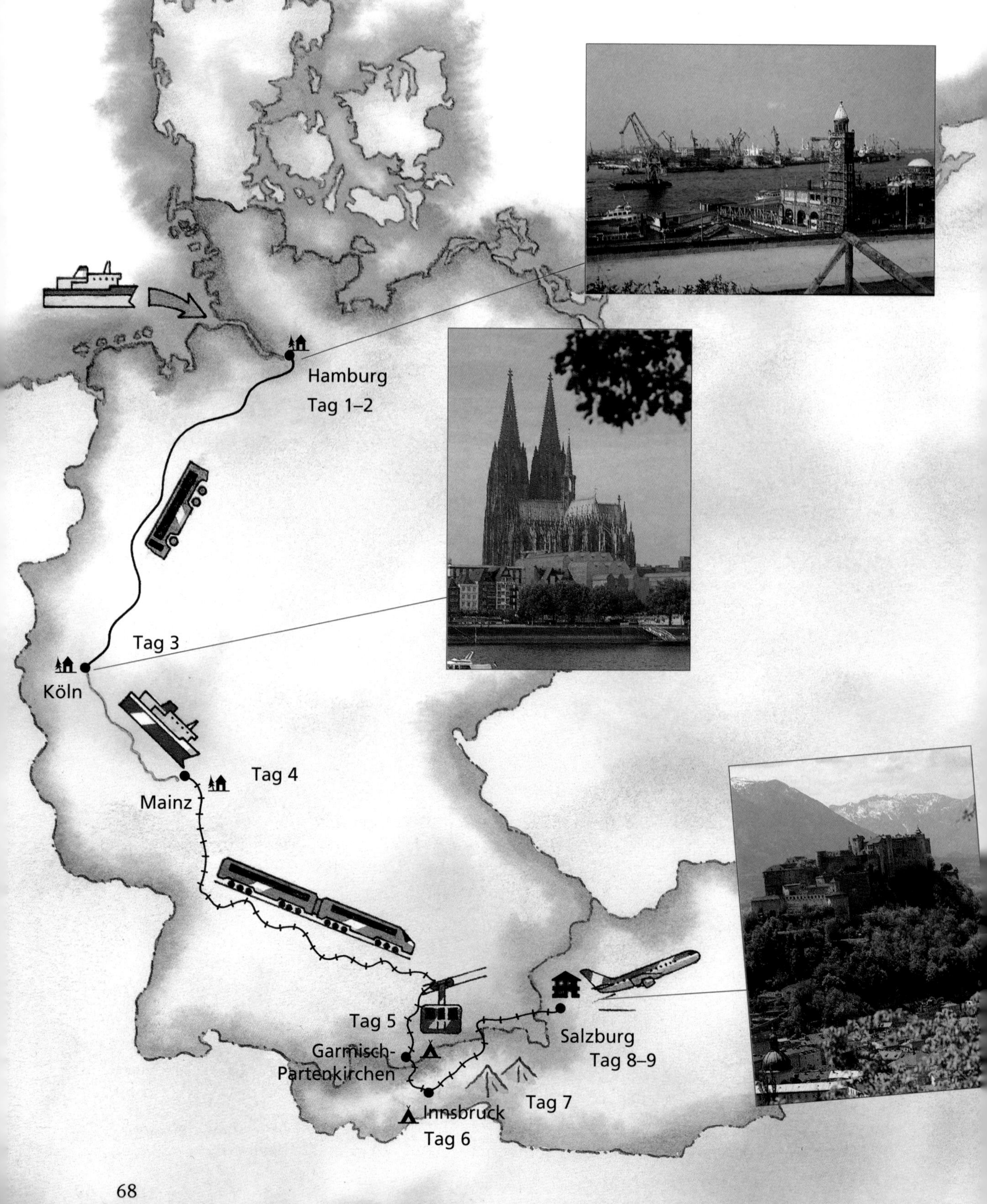

Wir sind	mit dem Zug/Schiff/Bus/Mietauto gefahren geflogen	
Wir haben	auf einem Campingplatz gezeltet	
	in einem Hotel/Gasthaus in einer Jugendherberge	übernachtet
	bei einer deutschen Familie gewohnt den Dom/den Hafen/das Schloß/... besichtigt	

2a Wann, wie, wo? Mach einen Bericht über deine Deutschlandreise. Schreib ihn auf und nimm ihn auf Kassette auf. Achte auf die Reihenfolge!

Wann?	Wie?	Wo(hin)?

z.B. Am ersten Tag sind wir mit dem Schiff in Hamburg angekommen. Wir haben den Hafen besichtigt, und wir haben in einer Jugendherberge übernachtet.

2b Hör zu! Wie war das Wetter? (1–9)

es hat geregnet

es war heiß und sonnig

es gab ein Gewitter

es war kalt und windig

es war heiter

es war nebelig

2c Wähl zwei Aufgaben aus: Schreib ...

i. einen Brief an deine Eltern.

ii. einen Bericht auf deutsch für die Schülerzeitung.

iii. eine Postkarte an deinen besten Freund/deine beste Freundin.

iv. dein Tagebuch.

v. ein Lied oder einen Rap.

3 Am Telefon. Du hast Max/Petra kennengelernt. Erzähl deinem deutschsprachigen Freund/deiner deutschsprachigen Freundin, wie er/sie heißt, wie er/sie aussieht, was er/sie macht, wie du mit ihm/ihr auskommst. Nimm deinen Bericht auf Kassette auf.

Verben im Perfekt: Ich- und Wirformen

an/kommen	ich bin/wir sind ...	angekommen
ab/fahren	ich bin/wir sind ...	abgefahren
fahren	ich bin/wir sind ...	gefahren
fliegen	ich bin/wir sind ...	geflogen
gehen	ich bin/wir sind	gegangen
haben	ich habe/wir haben ...	gehabt
machen	ich habe/wir haben ...	gemacht
übernachten	ich habe/wir haben in ...	übernachtet

Feiertage

A Wann feiert man? Ordne die Feiertage den Daten zu.

z.B. Man feiert Weihnachten am 25. Dezember.

Silvester | Weihnachten | Ostern | 1. Advent | Nikolaus | Heiligabend | Tag der deutschen Einheit | Karneval/Fasching | Maria Himmelfahrt

31. Dez. | 25. Dez. | 16. Apr. | 1. März | 15. Aug. | 1. Dez. | 6. Dez. | 24. Dez. | 3. Okt.

B Was feiert man?

1. Am ersten Sonntag im Advent (vier Wochen vor Weihnachten) wird am Adventskranz die erste Kerze angezündet, und am ersten Dezember wird die erste kleine Tür am Adventskalender aufgemacht.

2. Am Abend des 5. Dezember kommt der Nikolaus. In Norddeutschland stellen die Kinder ihre Schuhe vor die Tür, und am nächsten Morgen sind sie mit Süßigkeiten und kleinen Geschenken vollgestopft. In Süddeutschland müssen die Kinder ein Gedicht vortragen oder etwas vorsingen, und dann bekommen sie Obst, Süßigkeiten und kleine Geschenke.

3. Am Abend trifft sich die ganze Familie. Es wird gemeinsam ein Gottesdienst besucht, und anschließend beschenken sich die Familienmitglieder gegenseitig. An Weihnachten wird ein geschmückter Tannenbaum aufgestellt und ein schönes Essen vorbereitet, z.B. Gans mit Rotkohl und Salzkartoffeln.

4. Mehrere Leute organisieren eine private Feier. Sie essen und trinken viel zusammen und feiern gemeinsam ins neue Jahr hinein. Es werden viele Feuerwerkskörper abgebrannt.

Die Kirmes ist ein Volksfest. Auf der Kirmes gibt es z.B. Schießbuden, Karussells und Schiffschaukeln und allerlei Sachen zu essen und zu trinken.

Der Fasching wird in Norddeutschland Karneval genannt. Im Fasching wird das Ende des Winters gefeiert. Die Leute verkleiden sich und gehen tanzen. Es gibt viele Faschingsbälle. Außerdem finden Faschingsumzüge statt, bei denen die Leute verkleidet durch die Straßen ziehen. Mit dem Ende des Faschings beginnt die Fastenzeit.

Das Schützenfest ist ein Volksfest, das von einem Schützenverein veranstaltet wird. Es finden Wettbewerbe im Schießen statt, und der Gewinner heißt der Schützenkönig. Es wird viel getrunken und gegessen. Alle Mitglieder des Vereins tragen Volkstracht.

Der Christkindlmarkt findet in den letzten vier Wochen vor Weihnachten statt. Die Stimmung ist heiter. Es werden Weihnachtslieder gesungen. Man ißt Lebkuchen und trinkt Glühwein.

Am Totensonntag gibt es Tanzverbot, weil man der Toten gedenken will. Die Familien besuchen die Friedhöfe, schmücken die Gräber der Verwandten mit Blumen und Tannenlaub und zünden Kerzen an.

C Schreib einen Artikel auf englisch für eure Schülerzeitung: *German festivals*

D Erzähl einem deutschsprachigen Freund/einer deutschsprachigen Freundin, wie du deinen Geburtstag oder ein anderes Fest feierst.

z.B. Wir bereiten ein großes Essen vor.
Ich lade Freunde ein.

C Steckbrief

Steffi Graf

Geburtsort: Brühl

Geburtstag: 14.06.1969

Ausbildung/Beruf: Tennisprofi

Hobbys: Musik, Lesen, Fotografieren, Kartenspielen

Haustiere: Hunde

Verein: RW Berlin

Begann Tennis zu spielen: 1974 mit 4 Jahren

Größe: 1,75m.

Mit vier Jahren begann Steffi Tennis zu spielen. Ihr Vater war ihr Trainer.

Mit 13 Jahren war sie deutsche Juniorenmeisterin und konnte sich das erste Mal auf der Weltrangliste plazieren.

1985: Platz 22 auf der Weltrangliste, rückte aber im gleichen Jahr unter die Top Ten auf.

1987–1991: Weltranglistenerste

1988/1989: Wimbledon-Gewinnerin

1990: Wimbledon Halbfinale

1991/1992/1993/1995 Wimbledon-Gewinnerin

1 Schreib einen Artikel über Steffi Graf für eine Schülerzeitung.

Sie wurde im Jahre ... in... in Deutschland geboren.
Ihr Geburtstag ist ...
Ihr Beruf ist ...
Ihre Hobbys sind ...
Ihre Lieblingshaustiere sind ...
Als sie 4 Jahre alt war, begann sie ...
Als sie ... Jahre alt war, war sie ... , konnte sie ...
Im Jahre 1985 rückte sie ... auf.
Von 1987 bis 1991 wurde sie ...
... gewann sie Wimbledon.

Jan Pfefferling

Geburtsort: *Hamburg*
Geburtstag: *27.03.1975*
Wohnort: *Berlin*

Ausbildung/Beruf: *gelernter Tischler/Gitarrist*

Hobbys: *Rollerblades fahren, Faulenzen*
Haustiere: *ein Schäferhund*

Lieblingsgericht: *Pizza*
Lieblingsgetränk: *Cola*

Gruppe: *Rettet die Bäume!*

Größe: *1,82m*

Mit neun Jahren begann er Gitarre zu spielen.

Mit zwölf Jahren gründete er seine eigene Gruppe: New Sounds!
Sie spielte zu Schul- und Jugendfesten.

Mit 15 Jahren spielten sie schon abends in einer Disko.

Mit 17 Jahren stellte er eine neue Gruppe zusammen: Rettet die Bäume!

Mit 20 Jahren machte er seine erste CD.

Mit 22 Jahren wurde er in den Top Ten plaziert.

2 Schreib einen Artikel über Jan.

Er ist ... Er hat ... Er wohnt ... Sein(e) ...
Als er ... alt war, hat er ...

3 Wie sah es bei dir aus?

z.B. Als ich ... alt war, ... ich ...

Als ...

Als ich	(ein Jahr) alt (vier Jahre) alt klein (elf) Jahre alt (zwölf) Jahre alt ... Jahre alt	war,	begann ich (zu gehen/zu sprechen) hatte ich (einen Unfall/Masern) wollte ich (Pilot) werden nahm ich an einem Wettbewerb teil begann ich (Gitarre) zu lernen bekam ich meinen ersten Kuß!

Gesundheitsmagazin

A Der Körper

1a i. Zu zweit. Wie heißen die Körperteile? Wie heißen die Pluralformen?

z.B. A: a? B: Der Kopf, die Köpfe. b?
A: Ich weiß es nicht, aber c ist …

ii. Mach eine Liste.

der Arm(e) der Bauch(¨e)
das Bein(e) die Brust(¨e)
der Daumen(-) der Ellbogen(-) die Ferse(n)
der Finger(-) der Fuß(¨e) das Fußgelenk(e)
die Hand(¨e) die Hüfte(n) das Knie(-)
der Kopf(¨e) der Magen(¨) der Po(s)
der Rücken(-) die Schulter(n)
die Taille(n) die Zehe(n)

1b Hör zu! Habt ihr das richtig gemacht?

1c Hör zu! Was fehlt ihnen? Wo tut es ihnen weh? (1–8)

Krankheiten
Asthma
Durchfall
(die) Grippe
Heuschnupfen
Husten
Magenverstimmungen
Masern
Röteln
(einen) Schnupfen

1d Zu zweit. Fragt euch gegenseitig: Hast du (Durchfall) gehabt?

Ja, schlimm, nicht!

Nein, nie! Ich bin geimpft worden.

Ich mußte mich operieren lassen.

Ich mußte mich röntgen lassen.

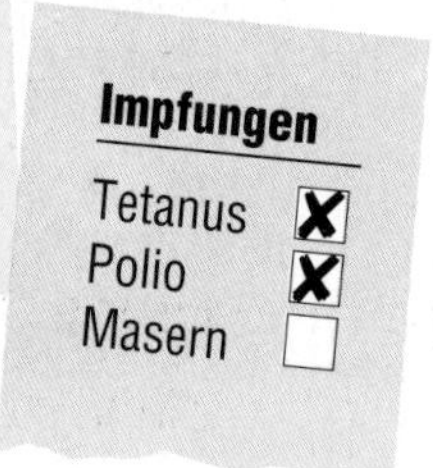

eine Impfung

eine Spritze

Ich hatte den Arm in Gips.

2a Zu zweit. Der Kopf und das Gesicht: Was gehört dazu? Wie heißen die Pluralformen?

z.B. A: a? B: Das Haar, die Haare. b?

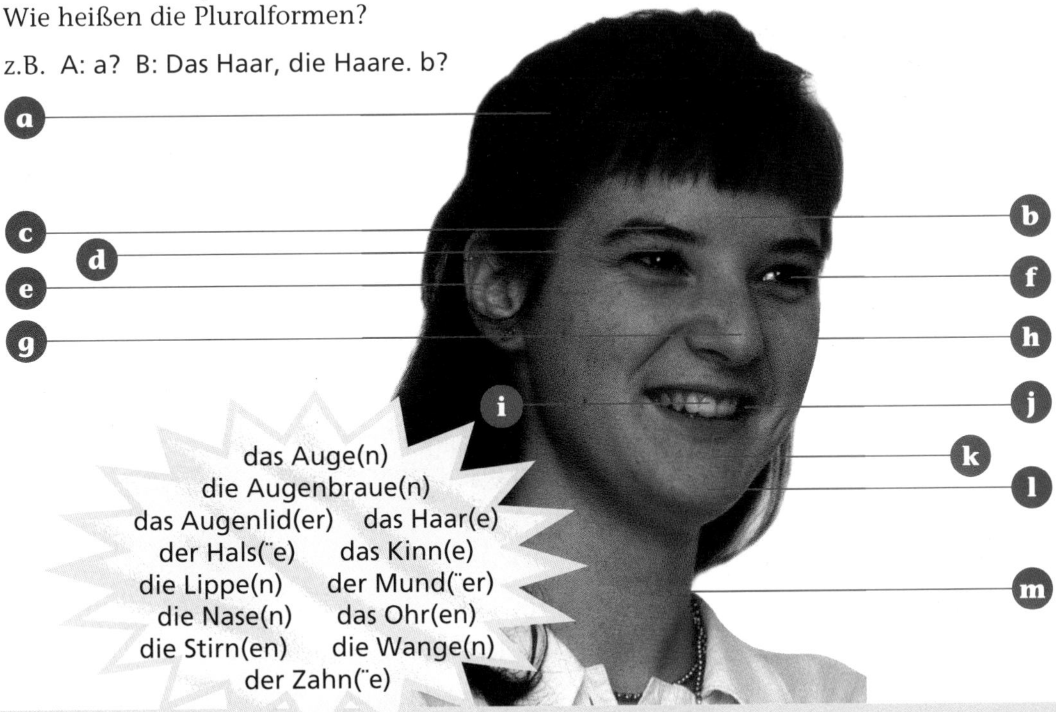

das Auge(n)
die Augenbraue(n)
das Augenlid(er) das Haar(e)
der Hals(¨e) das Kinn(e)
die Lippe(n) der Mund(¨er)
die Nase(n) das Ohr(en)
die Stirn(en) die Wange(n)
der Zahn(¨e)

Adjektive
Wenn das Adjektiv vor dem Nomen kommt, muß es die richtige Endung haben!

	Mask.	**Fem.**	**Neutr.**	**Pl.**
Er hat	einen großen Mund,	eine lange Nase,	dunkles Haar	und schmale Augen.
	Sein Mund ist groß,	seine Nase lang,	sein Haar dunkel,	und seine Augen sind schmal.

2b Zu zweit. Beschreibt diese Leute.

z.B. (E.T.) hat einen/eine/ein … oder Sein(e) … ist …
(Mortitia) hat einen/eine/ein … oder Ihr(e) … ist …

breit
eng
groß
hoch/hohe
klein
kurz
lang
schmal
tief

2c Zu zweit. Was macht man mit … ?

z.B. Man wäscht/kämmt/bürstet/schminkt sich … mit …

die Haarbürste
der Kamm
der Lidschatten
der Lippenstift
die Mascara
der Rasierapparat
das Shampoo
der Waschlappen
die Zahnbürste

A Der Körper

3a Rollenspiel

Was fehlt dir? Wo tut es dir weh?

Mein (Bein) tut weh. | Ich habe ...schmerzen. | Ich habe Fieber. |
Ich habe mich in den Finger/die Hand geschnitten. | Mir ist übel. | Ich habe Husten. |
Ich brauche eine Salbe/Tabletten/Tropfen/ein Mittel gegen .../eine Impfung gegen Tetanus. | Ich muß mich röntgen lassen.

Du mußt dir einen Termin beim (Zahn)Arzt besorgen/ ins Krankenhaus gehen/zur Apotheke gehen.

3b Rollenspiel. In der Apotheke.

Ich habe ... Haben Sie ein Mittel dagegen?

Nein, leider nicht. Am besten gehen Sie zum Arzt.

Hier sind .../Hier ist ...
Reiben Sie sich mit der Salbe ein./
Nehmen Sie sie/es täglich 2/3/4mal/nach Bedarf nach/vor dem Essen/mit Wasser

3c Zu zweit. Was fehlt den Patienten?

z.B. Nummer 1 hat ...

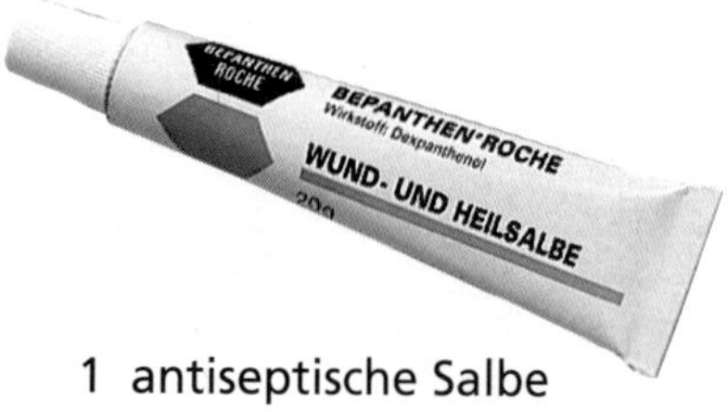

1 antiseptische Salbe

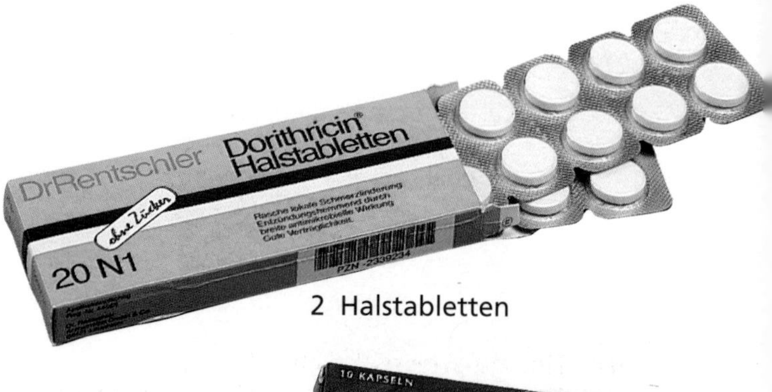

2 Halstabletten

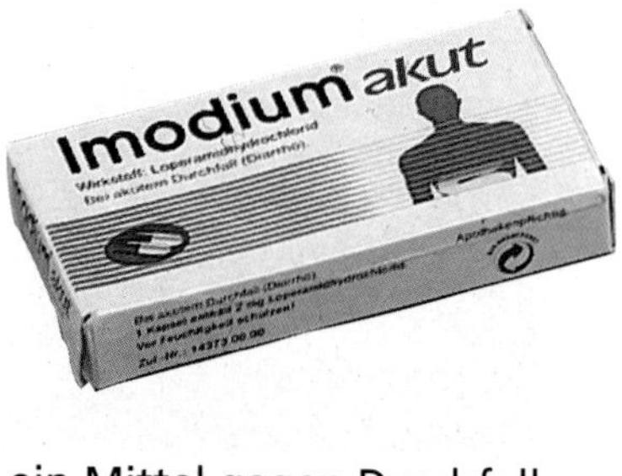

3 ein Mittel gegen Durchfall

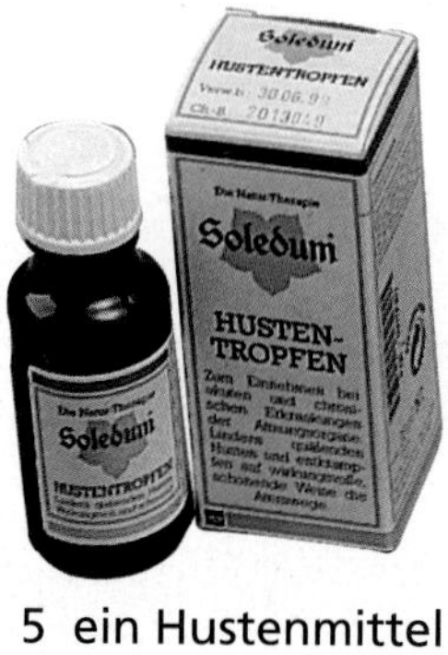

5 ein Hustenmittel

4 ein Mittel gegen Reisekrankheit

4a Rollenspiel. Am Telefon.

Ich fühle mich nicht wohl. Ich möchte bitte einen Termin beim Arzt.

Wie ist Ihr Name?

....

Was fehlt Ihnen?

....

Seit wann haben Sie das?

Seit gestern/vorgestern/zwei Stunden/heute früh.

Wann können Sie kommen, vormittags oder nachmittags?

Geht es noch heute?

Leider nicht. Können sie morgen um (8.50 Uhr) kommen?

Ja.

Bei welcher Krankenkasse sind Sie versichert?

Ich habe einen E111-Schein/bin bei der ... versichert

Gut, bis morgen. Auf Wiederhören!

Danke. Auf Wiederhören!

4b Hör zu! Was fehlt Petra und Knut?
Seit wann haben sie das? Wann haben sie ihre Termine?

z.B. Petra: ...schmerzen, seit ..., ... Uhr ...

Ich fühle mich nicht wohl ...

Wie geht es dir/Ihnen?	Mir geht es (nicht) gut/schlecht.
Was fehlt dir/Ihnen?	Ich habe Fieber/Husten/Schnupfen.
Hast du/Haben Sie Fieber?	Mir ist kalt/heiß.
Wo tut es weh?	Mein Rücken tut weh/Meine Füße tun weh.
Hast du/Haben Sie weitere Beschwerden?	Ich bin immer müde.

Verwöhnen Sie Ihren Körper von innen und außen mit Milch und Milchfrischprodukten! Die wertvollen Bestandteile schließen Mineralstoffe, Eiweiß und Vitamine ein. Für eine natürliche Kosmetik sind Milchfrischprodukte ganz einfach ideal: Sie reinigen, erfrischen, beruhigen die Haut und führen ihr Feuchtigkeit zu.

Milchfrisch von Kopf bis Fuß

Körperpflege bedeutet die Pflege von Gesicht, Haar und die der ganzen Haut. Denn auch Hände, Füße, Bauch und Beine freuen sich über Zuwendung und danken es mit einem angenehmen Körpergefühl. Und mit ein paar Tricks ist es ganz einfach, sich in seiner Haut wohlzufühlen.

Meersalz-Körperpeeling

1 TL Meersalz, 1 TL Bimssteinpulver, 1 EL Frischmilch vermischen.

Auf die nasse Haut mit kreisenden Bewegungen auftragen. Dann kalt abduschen.

Kartoffel-Handpackung

3 gekochte mehlige Kartoffeln in ¼ Tasse Milch zerdrücken.

5–10 Tropfen Rosenwasser hinzufügen. Dick auftragen, die Hände in Plastikfolie einwickeln und nach 10 Minuten kalt abwaschen.

Buttermilch-Handkur

1 Tasse Kamillen-, Holunder- oder Lindenblütenwasser mit einer Tasse Buttermilch verrühren. Anschließend ausgiebig die Hände darin baden. Kalt abwaschen.

Joghurt-Ganzkörperpackung

1 Sahnejoghurt mit 1 TL Weizenkeimöl vermischen, auf den Körper auftragen und 10 Minuten einwirken lassen. Kalt abduschen.

Fußbad mit Meersalz

Bringt müde Füße wieder auf Trab. 3 EL Meersalz in eine große Schüssel geben und mit kochender Milch übergießen. Sobald die Milch etwas abgekühlt ist, können Sie Ihre Füße darin baden.

Die meisten Zutaten kommen aus dem Kühlregal Ihres Lebensmittelgeschäftes. Alles andere erhalten Sie in Reformhäusern, Drogerien und Apotheken, wo es auch alle Kräuter gibt.

verwöhnen = *to spoil*
die Pflege = *care*
sich wohl fühlen = *to feel good*
TL: Teelöffel = *teaspoon*
Bimssteinpulver = *powdered pumice stone*
EL: Eßlöffel = *tablespoon*
auf/tragen = *to apply (e.g. a cream)*
Plastikfolie = *cling film*
Holunderblüten = *elderflowers*
Weizenkeimöl = *wheatgerm oil*
bringt müde Füße auf Trab = *gets tired feet going (trotting) again*

Was würdest du benutzen bzw. nicht benutzen? Warum?

Denke dir eine neue natürliche Kosmetik aus.

B Essen und trinken

1a Zu zweit. Nahrungsmittel: Schreibt die Titel ab und füllt die Listen aus.

Fisch	Fleisch	Gemüse	Obst	Milchprodukte	Getreideerzeugnisse	Kräuter	anderes
	Aufschnitt						

Aprikosen	Erbsen	Kohl	Quark
Aufschnitt	Forelle	Krabben	Radieschen
Blumenkohl	Gurken	Lachs	Rindfleisch
Bohnen	Hackfleisch	Mehl	Schinken
Brot	Hähnchen	Möhren	Schweinefleisch
Butter	Joghurt	Petersilie	Wurst
Eier	Kartoffeln	Pfirsiche	Zwiebeln
	Käse	Pflanzenöl	
	Kirschen	Pflaumen	
	Knoblauch	Pommes	

1b Zu zweit. Findet noch zehn Nahrungsmittel heraus und tragt sie in die Listen ein.

z.B. A: Wie heißen „corn flakes" auf deutsch? B: Cornflakes!
A: Wo gehören sie in der Tabelle hin? B: Getreideerzeugnisse.

1c Zu zweit. Stellt euch gegenseitig die Fragen:
Welche Fisch- und Fleischsorten ißt du gern, oder ißt du kein Fleisch?
Nenne drei Obstsorten und drei Gemüsesorten, die du gern ißt.
Was ist dein Lieblingsessen?

Ich esse gern … , weil er/sie/es	mir schmeckt/schmecken gut für die Gesundheit ist/sind viele Vitamine enthält/enthalten fit macht/machen süß/sauer/scharf/salzig ist/sind

1d Hör zu! Was essen sie gern? Warum? (1–8)

2a Hör zu! Was trinken sie?

z.B. Cola 7

2b Zu zweit. Stellt euch gegenseitig die Fragen:
- Was trinkst du gern?
- Trinkst du lieber … oder … ?
- Was trinkst du am liebsten, wenn es heiß ist?
- Und wenn es kalt ist?
- Warum?

z.B. Weil es gut ist und viele Vitamine enthält.
Weil es mir schmeckt!

Kalte Getränke
Apfelsaft
Cola
Fanta
Limonade
Milch
Milchshake
Orangensaft
Sprudel
Mineralwasser

Heiße Getränke
Kaffee
Kakao
Tee

Alkoholische Getränke
Rotwein
Weißwein
Bier

3a Rollenspiel: Im Café

Was trinken Sie?

Ich möchte

Bitte sehr. Und hier ist der Kuchen/die Torte.

Haben Sie Milch/Zucker/Zitrone/Süßstoff?

Bitte sehr. Möchten Sie Sahne/Kaffeesahne?

Ja, bitte. Nein, danke.

Sie wählen den Kuchen an der Theke aus.

Sie bekommen einen Zettel mit einer Nummer drauf.

Sie geben den Zettel dem Kellner/der Kellnerin.

Er/Sie bringt Ihnen den Kuchen.

Pflaumentorte mit Schlagsahne

Obstkuchen

Zahlen bitte.

Zusammen oder getrennt?

Zusammen.

Ja. Haben Sie es klein?

Bitte sehr.

Danke. Auf Wiedersehen.

Käsetorte

Schokoladenkuchen

Apfelstrudel

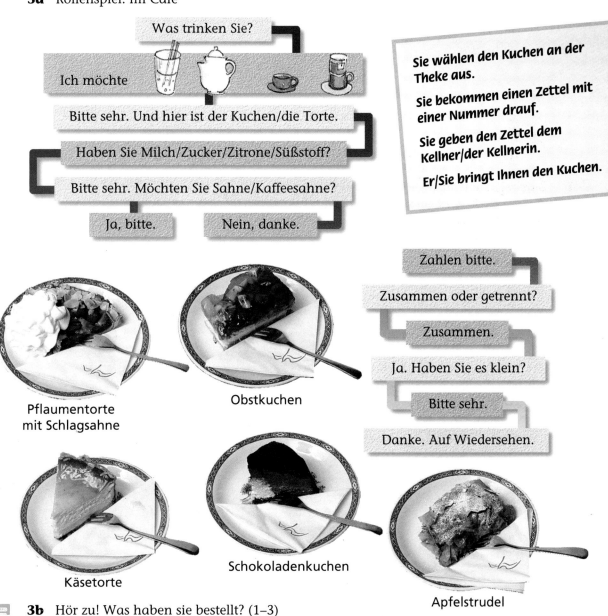

3b Hör zu! Was haben sie bestellt? (1–3)

Die Mahlzeiten

4a Das Frühstück

i. Hör zu! Was haben Nina und Jürgen zum Frühstück gegessen und getrunken?
ii. Zu zweit. Stellt euch gegenseitig die Frage: Was hast du gefrühstückt?
iii. Was hat Florian gegessen und getrunken?

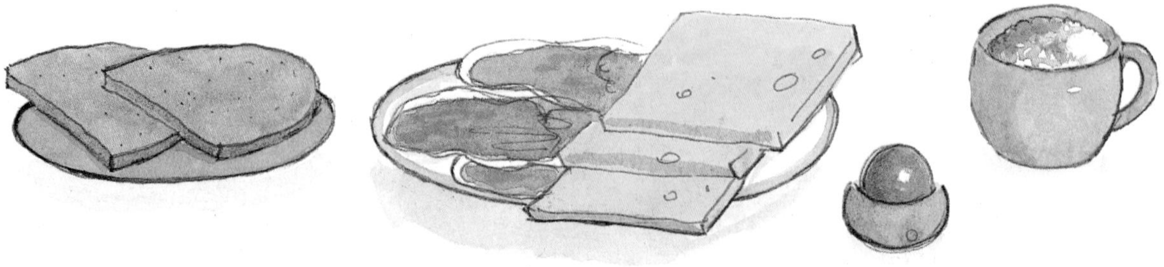

4b Das Mittagessen

i. Hör zu! Was haben sie gestern zu Mittag gegessen?
ii. Was hast du gestern gegessen und getrunken?
iii. Was hat Florian gegessen und getrunken?

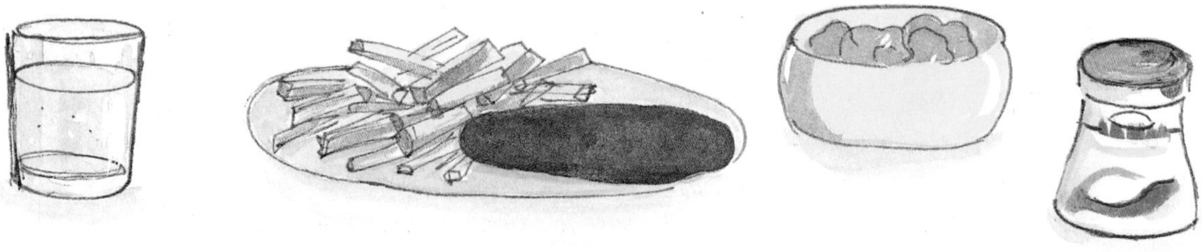

4c Das Abendessen

i. Hör zu! Was haben sie gestern abend gegessen und getrunken?
ii. Was hast du gestern gegessen und getrunken?
iii. Was hat Florian gegessen und getrunken?

4d Mach einen Bericht: Wer hat gesund gegessen?
Nina, Jürgen, Florian, du oder dein Partner/deine Partnerin? Woher weißt du das?

<table>
<tr><td colspan="2">Ich habe
Er/Sie hat</td><td colspan="5">gesund/nicht gesund gegessen,</td></tr>
<tr><td rowspan="2">weil</td><td>ich</td><td rowspan="2">viel(e)
wenig(e)</td><td rowspan="2">Vitamine/frisches Obst und Gemüse/Pommes/
Fett/Milchprodukte/Süßigkeiten</td><td rowspan="2">gegessen</td><td>habe</td></tr>
<tr><td>er/sie</td><td>hat</td></tr>
</table>

5a **i.** Zu zweit. Was essen sie als Imbiß?

z.B. A: Was ißt a? B: Einen Joghurt. b? A: Eine Tüte …

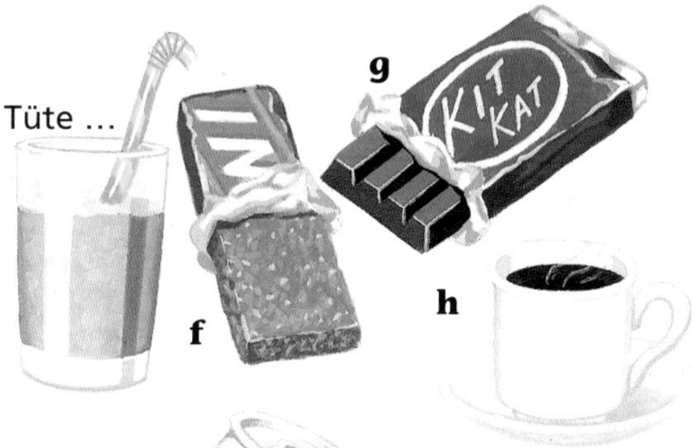

a b c d e f g h

ii. Mach eine Liste.

5b Zu zweit. Fragt euch gegenseitig:
Was ißt du als Imbiß, wenn du Hunger hast?

i j k l

5c Hör zu! Wie viele Kalorien haben die Imbisse? (1–12)

z.B. Apfel: 50 Kalorien

5d Wie viele Kalorien hat dein Imbiß?

5e Mach eine Umfrage.

i. Wähl eine Frage (**a**–**c**) aus. Stell die Frage an 20 Mitschüler oder *Lehrer.

ii. Zeichne ein Schaubild und schreib einen Bericht.

*Siezen!

† Wähl ein Produkt aus.

a Ißt du gern (†Curry)? Warum?
Trinkst du gern … ? Warum?

Eine Person/Zwei Personen ißt/essen/trinkt/trinken gern …
Eine Person/Zwei Personen hat/haben (es) noch nie gegessen/getrunken.

b Trinkst du lieber (†Cola) oder (†Orangensaft)? Warum?

Eine Person/Zwei Personen trinkt/trinken lieber … , weil er/sie/es … ist/schmeckt.

c Wie findest du (†Bananen)?
Gut/In Ordnung/Nicht gut/Weiß nicht?

Eine Person/Zwei Personen findet/finden … gut usw.

Verben: essen = *to eat*	**trinken = *to drink***
Präsens ich esse wir essen du ißt ihr eßt er ißt sie essen sie ißt Sie essen	ich trinke wir trinken du trinkst ihr trinkt er trinkt sie trinken sie trinkt Sie trinken
Futur: ich werde … essen **Perfekt:** ich habe … gegessen **Präteritum:** ich aß	ich werde … trinken ich habe … getrunken ich trank
Fragen: Ißt du? Essen Sie?	Trinkst du? Trinken Sie?
das Essen das Eßzimmer der Eßlöffel	das Getränk kein Trinkwasser

Nährstoffe

Es gibt zwei Nährstoffgruppen:

1. Die Hauptnährstoffe:
   Eiweiß, Fett und Kohlenhydrate

- 1 g Eiweiß hat 4 Kalorien
- 1 g Fett hat 9 Kalorien
- 1 g Kohlenhydrate hat 4 Kalorien

2. Die Wirk- und Reglerstoffe:
   Vitamine, Mineralstoffe, Spurenelemente und Wasser

Fett
Kilokalorien (kcal) pro 100 g:

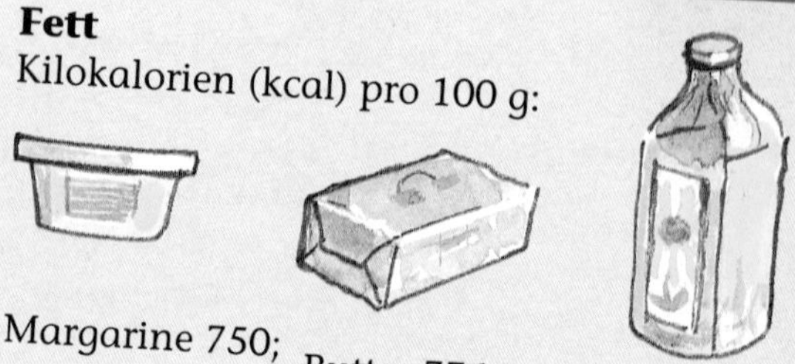

Margarine 750; Butter 776; Pflanzenöl 865

Die Hauptnährstoffe

Wußtest du das? Jeden Tag braucht man ...

- 4 Portionen Kohlenhydrate:
  Obst und Gemüse, Getreideerzeugnisse, Süßigkeiten usw.
- 2 Portionen Eiweiß:
  Fleisch, Eier, Milchprodukte usw.
- 1 Portion Fett:
  Butter, Margarine, Pflanzenöl usw.

Wie viele Kalorien braucht man pro Tag?

Männliche Jugendliche von 15 bis 18 Jahren brauchen 50 kcal pro kg Körpergewicht. Weibliche Jugendliche von 15 bis 18 Jahren brauchen 45 kcal pro kg Körpergewicht.

Zucker besteht meistens aus Kohlenhydraten und liefert Energie. Er enthält wertvolle Vitamine, Mineralstoffe und Spurenelemente.

Kartoffeln bestehen zu 80% aus Wasser, zu 15% aus Kohlenhydraten, zu 2% aus Eiweiß, und sie enthalten auch die Vitamine C und B1, Mineralstoffe und Spurenelemente.

Die Wirk- und Reglerstoffe

Vitamin A Retinol ist wichtig für Haut, Haare und Augen. Mangel führt zu Nachtblindheit. Vitamin A findet man in Leber, Margarine, Milch und Milchprodukten, Obst und Gemüsen.

Vitamin B1 Thiamin ist wichtig für die Nerven. Mangel führt zu Herzstörungen. Vitamin B1 findet man in Fleisch, Kartoffeln und Getreideerzeugnissen.

Vitamin B2 Riboflavin ist wichtig für Haut und Nägel. Mangel führt zu Müdigkeit und Arbeitsunlust. Vitamin B2 findet man in Milch und Milchprodukten.

Vitamin C Ascorbinsäure ist wichtig für das Blut und als Schutzvitamin gegen Infektionen. Mangel führt zu Müdigkeit und Knochenschmerzen. Raucher brauchen mehr. Vitamin C findet man in Obst und Gemüse, Kartoffeln und Getreideerzeugnissen.

Vitamin D Calciferol ist wichtig für die Knochenbildung. Mangel führt zur Verkalkung der Knochen. Vitamin D findet man in Milch, Fleisch, Eiern, Fisch, Margarine und Butter.

Vitamin E Tocopherol reguliert Wasser- und Fetthaushalt und verbessert die Vitamin-A-Versorgung. Mangel führt zur Schwäche der Sexualhormone. Vitamin E findet man in Pflanzenöl, Margarine, Butter, Milch, Käse, Getreideerzeugnissen und Gemüse.

Calcium ist das Aufbauelement der Knochen und Zähne. Man findet Calcium in Milch und Milchprodukten.

Eisen transportiert den Sauerstoff im Blut. Man findet Eisen in Fleisch, Getreideerzeugnissen, Obst, Gemüse und Kartoffeln.

Wasser transportiert alle Stoffe im Körper und reguliert die Körpertemperatur. Der tägliche Bedarf liegt bei 2–3 Liter als Flüssigkeit und etwa 1 Liter mit der Nahrung. Drei Tage Wassermangel führen zum Tode!

A Wähl eine Aufgabe aus.

i. Schreib einen Artikel für eine Schülerzeitung.

ii. Denk dir ein Quiz für ein Schülermagazin aus.

iii. Erfinde einen Werbeslogan für ein neues Produkt.

z.B. Leckerbiß – die Süßigkeiten, die man zwischen den Mahlzeiten essen kann.

Trink dich fit. Erdbeersaft, das neueste Getränk von der Firma Vitagetränke. Vitaminreich! Wichtig für's Leben!

B Was meinst du: Ißt du gesund oder nicht? Begründe deine Antwort!

C Wo ißt du am liebsten?

1a Hör zu! Wo essen wir am liebsten? (12) Zeichne ein Schaubild.

1b Zu zweit. Wie sieht es bei euch aus? Interviewt euch gegenseitig.

Ißt du gern in einem Restaurant?

Nein, es ist zu teuer/man muß warten/das Essen schmeckt mir nicht. | Ja, sehr gern.

Ißt du gern in einer Imbißstube?

Ja, gern. | Nein.

Warum?

Weil ich gern … esse und man nicht warten muß. | Das Essen ist zu fettig/zu scharf/…

Ißt du gern in einem (chinesischen/türkischen/griechischen/indischen) Lokal?

Ja, gern. Das Essen schmeckt mir. | Ich weiß nicht. Ich habe nie in … gegessen.

Wo ißt du am liebsten? Warum?

………………………………………………………

1c Beschreib dein Lieblingsgericht oder deine Lieblingsmahlzeit für einen deutschen Freund.

	der Löffel(-)	
der Becher(-)	das Messer(-)	die Untertasse(n)
das Brot(e)	der Pfeffer	das Weinglas(¨er)
die Butter	das Salz	der Untersetzer(-)
die Gabel(n)	die Schüssel(n)	die Serviette(n)
das Glas(¨er)	die Tasse(n)	der Zucker
	der Teller(-)	

- der Haken
- der Kühlschrank
- das Regal
- der Schrank
- die Schublade
- die Spülmaschine
- die Theke
- der Tisch
- der Wagen

2a Zu zweit. Ihr deckt den Tisch.
Was fehlt? Wo befinden sich die Gegenstände?

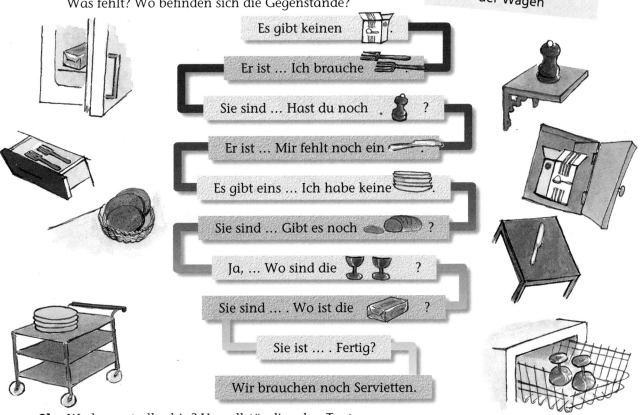

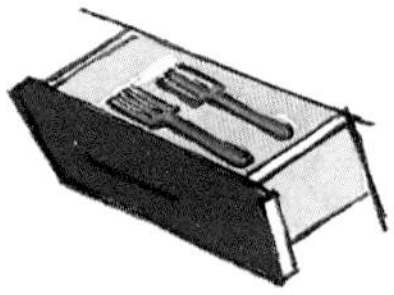

Es gibt keinen .

Er ist ... Ich brauche .

Sie sind ... Hast du noch . ?

Er ist ... Mir fehlt noch ein .

Es gibt eins ... Ich habe keine .

Sie sind ... Gibt es noch ?

Ja, ... Wo sind die ?

Sie sind ... . Wo ist die ?

Sie ist ... . Fertig?

Wir brauchen noch Servietten.

2b Wo kommt alles hin? Vervollständige den Text.

Tu die Gabeln .. ... Schublade und ... Zucker .. ... Wandschrank.
Häng ... Tassen .. ... Haken und stell ... Teller .. ... Spülmaschine.
Stell ... Butter .. ... Kühlschrank und ... Salz ... ... Regal. Was bleibt noch übrig?
... Untersetzer? Tu sie wieder ... ... Tisch und gieß ... Saftreste .. ... Flasche zurück.

Wo befinden sich die Gegenstände? **Dativ**
Wo kommen sie hin? **Akkusativ**

	Mask.	**Fem.**	**Neutr.**	**Pl.**
Nominativ	der Tisch	die Theke	das Regal	die Haken
Dativ	auf d**em** Tisch	auf d**er** Theke	auf d**em** Regal	an d**en** Hake**n**
	im Schrank	in d**er** Spülmaschine	**im** Eßzimmer	in d**en** Schränke**n**
Akkusativ	auf d**en** Tisch	in d**ie** Schublade	auf d**as** Regal	in d**ie** Schränke

Innenstadt

A In der Stadt

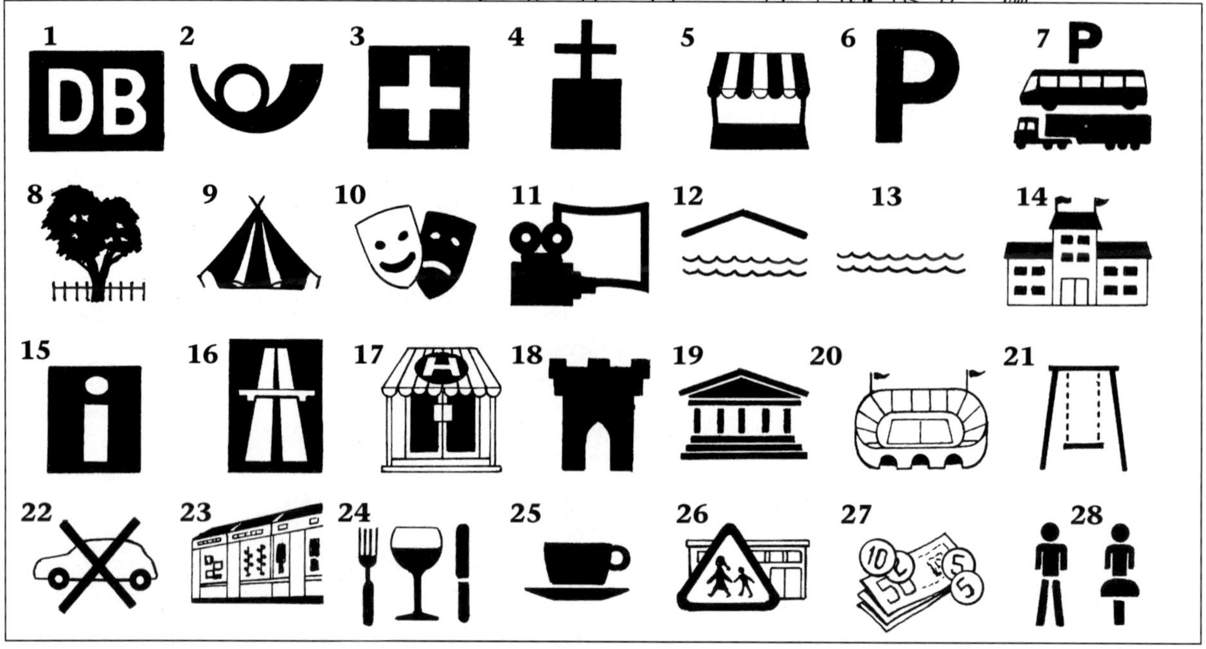

1a Brainstorming. Wie viele von den Bildern könnt ihr in zwei Minuten nennen?

i. Macht eine Liste. **ii.** Der, die oder das?

1b Hör zu! Wohin gehen sie? (1–6)

z.B. Er/Sie geht zum Bahnhof/zur Post.

Vorsicht!
Femininum: zur Post
Maskulinum u. Neutrum: zum Bahnhof/Informationsbüro
Plural: zu den Toiletten

1c Zu zweit. Jürgen ist bei euch zu Besuch. Er muß irgendwohin und will wissen, wie man am besten dahin kommt. Bildet Dialoge.

Wie komme ich zum (Bahnhof)/zur (Bank)?

Du	verläßt gehst nimmst	das Haus/die Schule; gleich rechts/links; die nächste Straße rechts/links;	 zur Haltestelle; die Linie (14) zum (Rathaus)/zur (Stadtmitte).
(Die Bank) ist auf der linken Seite;			gegenüber (dem Kino).

Ist es weit?

Nein, fünf Minuten.

Wann ist (die Bank) geöffnet?

Mo.–Fr. 9.30–16.00 Uhr.

Das weiß ich nicht genau.
Ich muß meine Mutter/meinen Vater fragen.

Postamt

Mo.–Fr.	8.00–12.30 Uhr 13.30–18.00 Uhr
Sa.	9.00–13.00 Uhr

STRASSENBAHNLINIE 15

täglich außer Sonntag

ab Tirolerplatz 7.08 7.16 und alle 8 Minuten bis 21.48
an Hauptbahnhof 7.22 7.30 und alle 8 Minuten bis 22.02

2 Rollenspiel. Du bist bei Jürgen in Österreich.

Ich muß ein Päckchen aufgeben. Gibt es eine Post hier in der Nähe?

Die Post ist

Wie komme ich dahin?

Zu Fuß.

Ist es weit?

Nein. Fünf Minuten.
Du gehst ...

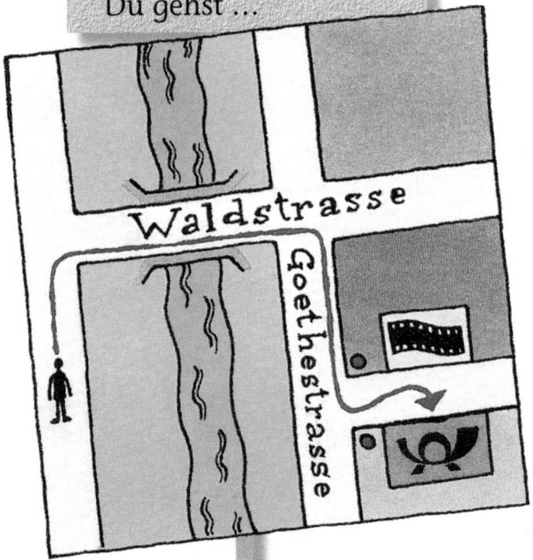

Gut, ich gehe gleich. Tschüs.

Am besten fährst du mit (der Straßenbahn).

Welche Linie?

...

Wo ist die Haltestelle?

Wie oft fährt sie?

Alle (...) Minuten.

Wo steige ich aus?

...

Wo bekomme ich eine Straßenbahnkarte?

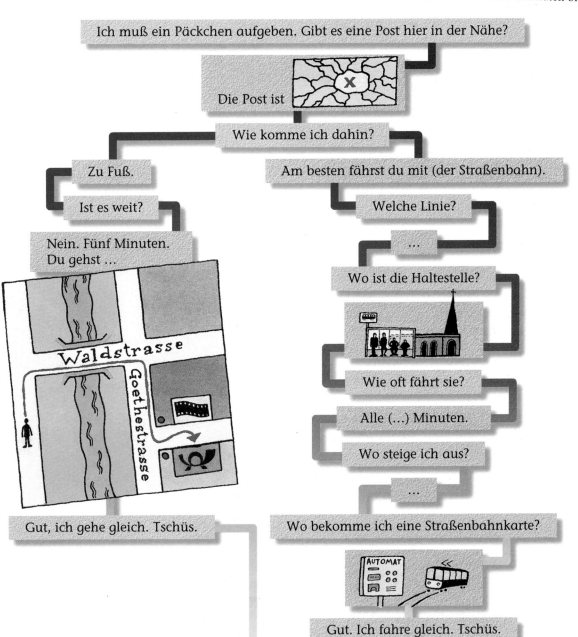

Gut. Ich fahre gleich. Tschüs.

Bis bald. Tschüs.

A In der Stadt

3a Rollenspiel. In der Bank

Ich möchte bitte etwas Geld in DM wechseln/einen Reisescheck einlösen.

Wieviel?

(£25/$100/...)

Haben Sie Ihren Ausweis mit?

Bitte schön.

Unterschreiben Sie hier.

Wie ist der Kurs heute?

Sie bekommen ... DM

Vielen Dank. Auf Wiedersehen.

Auf Wiedersehen.

3b Rollenspiel. Auf der Post

Ich möchte (dieses Päckchen) nach (Frankreich) schicken.

Füllen Sie den Paketschein aus.

Bitte schön. Ich möchte auch (zwei) Briefmarken zu 1 DM und (eine) zu 1.50 DM. Und

Das macht zusammen ... DM.

Ich möchte nach Amerika telefonieren. Kann ich das von hier machen?

Ja, Kabine 5 ist frei.

4a Welche Sehenswürdigkeiten gibt es in Altstadt, und was gibt es nicht? Mach zwei Listen.

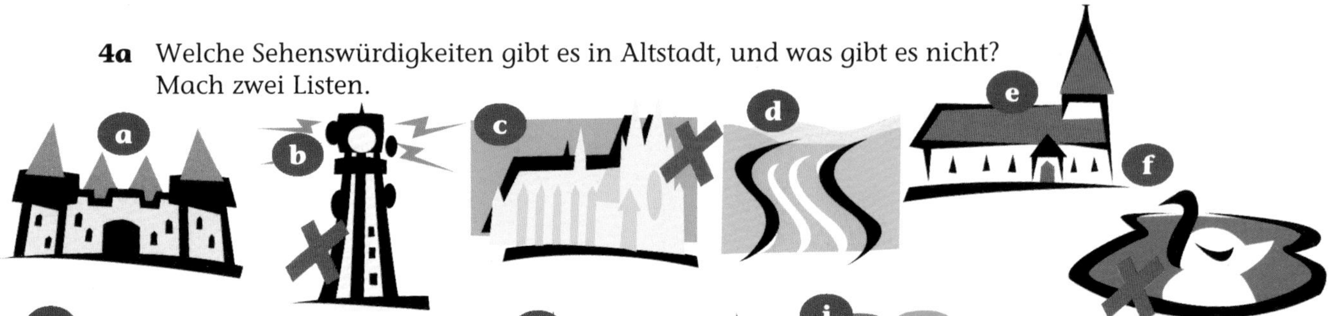

	Mask.	Fem.	Neutr.
Es gibt	einen Marktplatz keinen See	eine Kirche keine Brücke	ein Rathaus kein Schloß

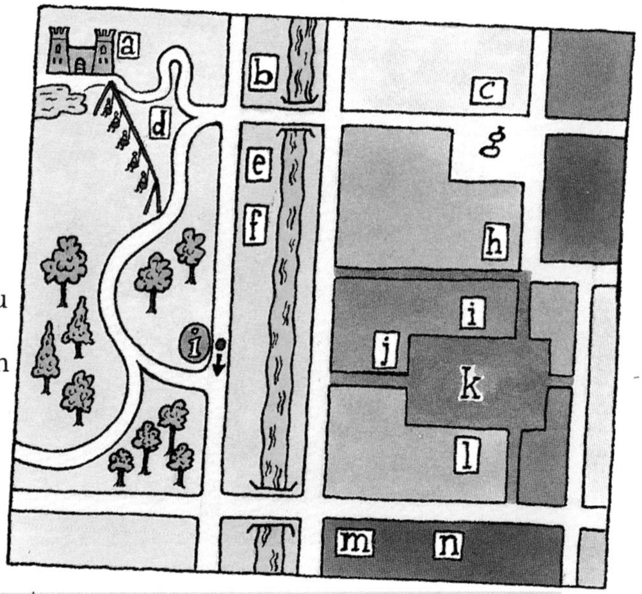

6

4b Hör zu! Eine Stadtführung. Wie heißen die Sehenswürdigkeiten?

z.B. a ist der/die/das ...

4c **i.** Welche Sehenswürdigkeiten und Gebäude gibt es in der Stadt, wo du wohnst (oder in der nächsten Stadt), und was gibt es nicht? Mach eine Liste.

ii. Zu zweit. Vergleicht eure Listen.

4d Zu zweit. Wie findet ihr eure Stadt? Warum?

Ich finde die Stadt	gut, interessant, langweilig, nicht so gut,	weil	man hier viel/nichts machen kann es wenige/viele Grünanlagen/Bäume gibt die Gebäude alt/neu/schön/häßlich sind es keine großen Geschäfte gibt

Verb: geben = *to give*

Präsens

ich gebe	wir geben
du gibst	ihr gebt
er gibt	sie geben
sie gibt	Sie geben

Futur: ich werde ... geben
Perfekt: ich habe ... gegeben
Präteritum: ich gab
Fragen: Gibst du ... ? Geben Sie ... ?

es gibt es gab

einen Brief aufgeben

Die Autofähre

Die Weinkönigin

Der Rheinexpress

Die St. Severuskirche

Rheinwein

Porträt einer Stadt: Boppard

Boppard ist eine historische Stadt am Rhein im Tal der Loreley. Boppard bietet nicht nur eine liebenswerte Landschaft und in der näheren Umgebung viele Rheinburgen, sondern darüber hinaus viel Geschichte und Freizeitmöglichkeiten.

Herbst in Boppard

13.u.14.	September	Zwiebelmarkt
22.–25.	September	1. Weinfest
30.9.–1.	Oktober	2. Weinfest
7.u.8.	Oktober	Internationaler Volkswandertag
2.+3.	Dezember	Weihnachtsmarkt auf dem Marktplatz
17.	Dezember	Adventskonzert in St. Severus

Freizeit in Boppard

- Sessellift zum Aussichtspunkt
- Stadtrundfahrt mit dem Rheinexpress
- Frei- und Hallenbad
- Fahrradverleih
- Minigolf
- Fitness
- Tennis
- Wanderungen

Freizeit in der Umgebung

- Deutsches Puppenmuseum mit Puppen- und Teddy-Boutique
- Adler- und Falkenhof mit Flugvorführungen: Apr.-Okt.
- Garten der Lebenden Schmetterlinge im Schloßpark Bendorf-Seyn

Deutscher Wein
einzig unter den Weinen

Tagesausflug

Donnerstag:
Tal der Loreley ... DM 38,-

– Busausflug durch das Mittelrheintal nach Koblenz.

– Stadtführung Koblenz (Deutsches Eck, Altstadt und Festung Ehrenbreitstein)

– Rückfahrt mit dem Schiff

Preis inkl.
Busfahrt – Führungen – Eintrittsgelder – Schiffsfahrt

- *Where is Boppard?*
- *What is it like?*
- *What would you like to do there?*

B Geschäftsviertel

1a Was kann man hier kaufen? Mach eine Liste von mindestens drei Gegenständen, die man in jedem Geschäft bekommen kann.

z.B. Fotogeschäft: Man kann Filme, Batterien und Fotoalben kaufen.

- Apotheke
- Bäckerei
- Blumengeschäft
- Drogerie
- BUCHHANDLUNG
- BEKLEIDUNGSGESCHÄFT
- Lebensmittelgeschäft
- Fotogeschäft
- Metzgerei
- Lederwarengeschäft
- Schuhgeschäft
- Möbelgeschäft
- Schreibwarengeschäft
- Spielwarengeschäft
- Sportgeschäft

1b Und wo kann man ... ? (im, in der oder beim?)

i. sich die Haare schneiden lassen?

ii. einen Film entwickeln lassen?

iii. eine Hose reinigen lassen?

iv. ein Paar Schuhe reparieren lassen?

die Reinigung
der Friseursalon
der Schuhmacher
das Fotogeschäft

1c Hör zu! In welchem Geschäft sind sie? Was zahlen sie? (1–12)

z.B. 1 Schreibwarengeschäft, 4,30 DM

2a Rollenspiel. Ein Geschenk kaufen

Guten Tag.

Ich möchte ein Geschenk für meine Mutter/Freundin/Gastgeberin
meinen Vater/Freund/Gastgeber

Was hätte er/sie denn gern?

Ich weiß nicht. | ....

Wie wäre es mit ... ?

Wieviel kostet ... ?

....

Das ist zu teuer.
Haben Sie etwas Billigeres?

Ja, das hier. | Nein, leider nicht.

Gut, ich nehme ihn/sie/es.

Soll ich es als Geschenk einpacken?

Ja, bitte. Könnten Sie das Preisschild abmachen?

Bitte schön. Auf Wiedersehen.

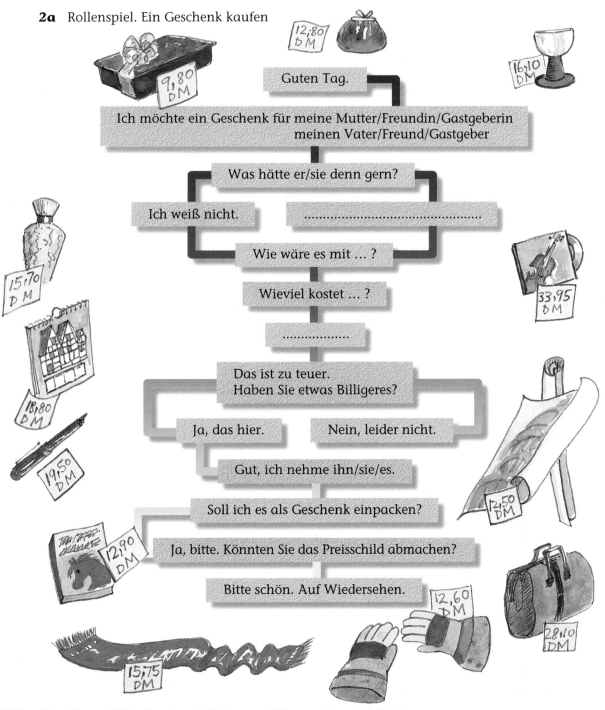

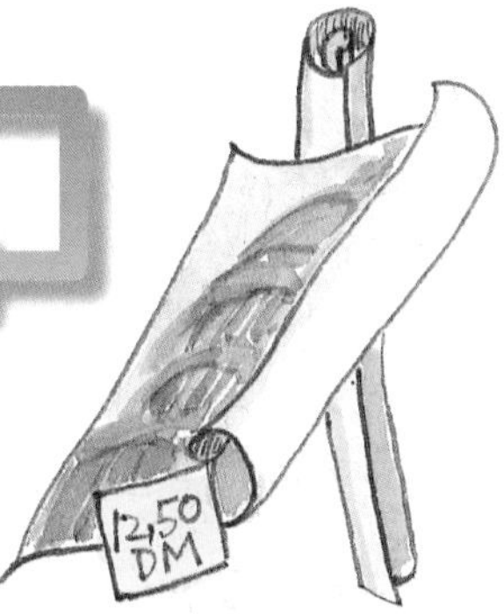

2b Hör zu! Was kaufen sie? Für wen? Was zahlen sie? (1–3)

ANDENKEN

Ansichtskarten

B Geschäftsviertel

IM MODEGESCHÄFT

3a Zu zweit. Wie viele Kleidungsstücke könnt ihr in drei Minuten nennen? Was sind die Pluralformen?

z.B. der Anzug(¨e), das Kleid(er), …

3b Rollenspiel. Im Geschäft

Kann ich Ihnen helfen?

Ich suche einen/ein/eine/ein Paar …

Welche Größe?

Groß/Mittelgroß/Klein/Größe …

Ich weiß es nicht.

Welche Farbe?

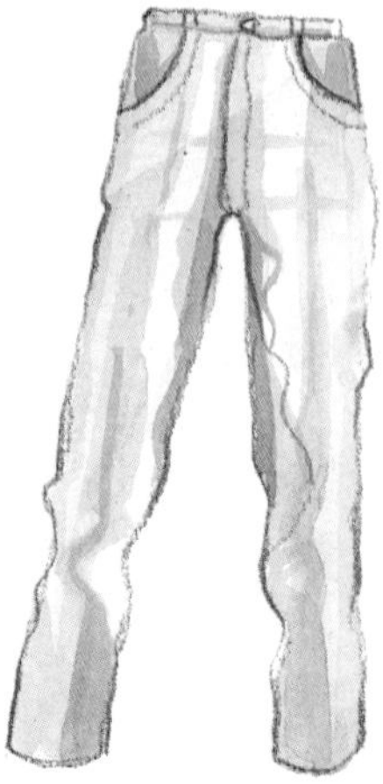

Dunkelblau/Hellblau/Gestreift/Gepunktet/Kariert/…
Aus Baumwolle/Wolle/Leinen/Leder/Seide/…

Hier ist …

Kann ich ihn/sie/es anprobieren?

Ja, (die Kabinen sind dort drüben).

Er/Sie/Es gefällt mir.
Wieviel kostet er/sie/es?

Er/Sie/Es ist zu groß/klein/eng/weit./
Er/Sie/Es paßt mir nicht.
Haben Sie das eine Nummer größer/kleiner?

……………

Ich nehme ihn/sie/es.

Zahlen Sie bitte an der Kasse.

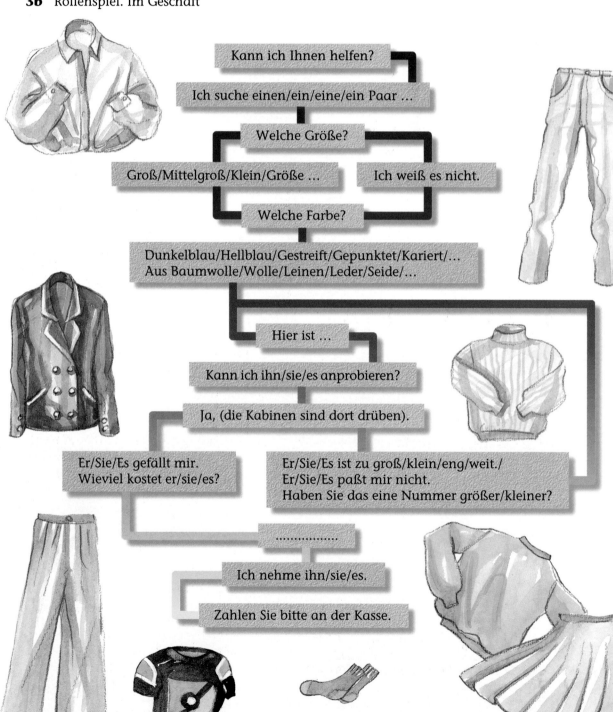

4a Jürgen ist bei dir auf Besuch. Er will folgendes kaufen:

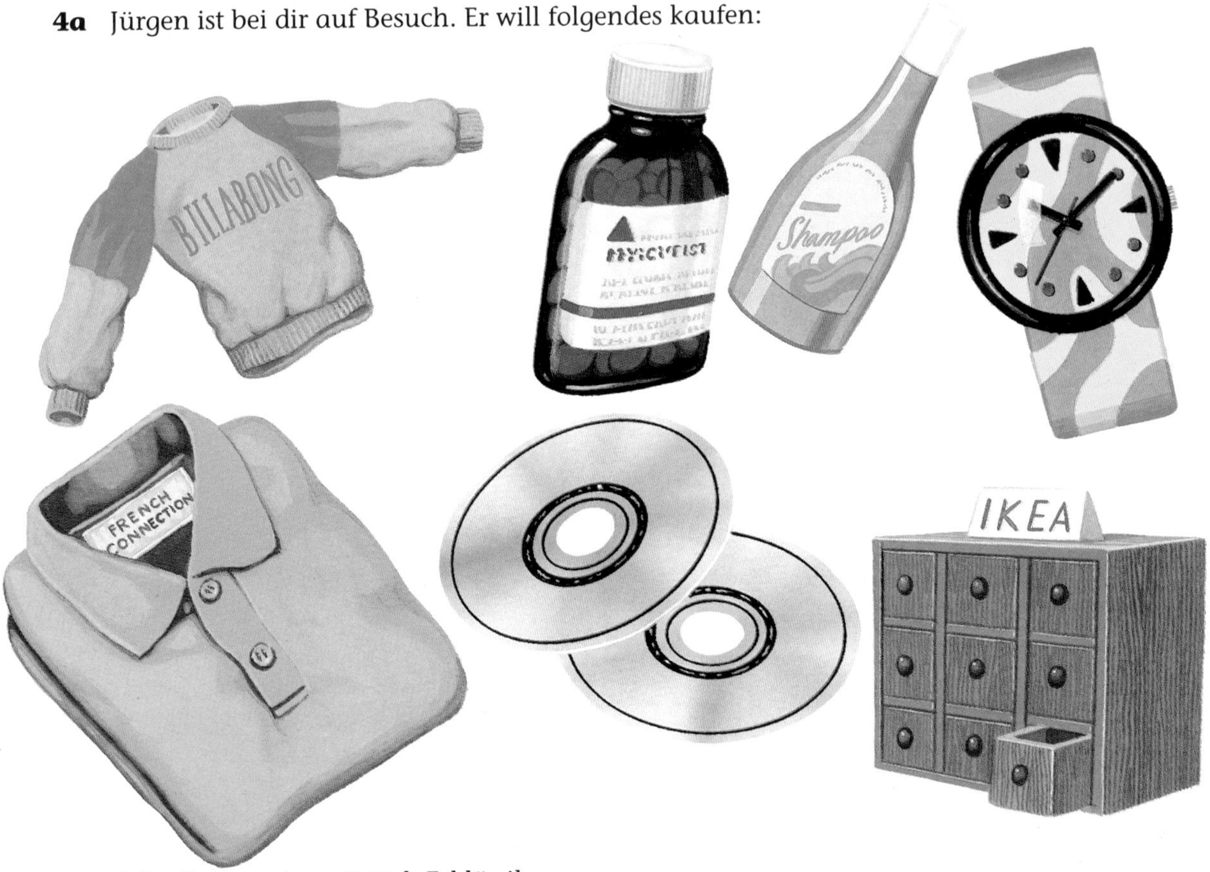

Schreib ihm einen Zettel. Erklär ihm,

i. wo er das alles kaufen kann

z.B. Du kannst … bei … und … bei … kaufen.

ii. wie er am besten hinkommt

z.B. Am besten fährst du mit der Buslinie … dahin.

iii. wo die Haltestelle ist

iv. wie oft der Bus fährt

v. wo er eine Fahrkarte bekommen kann, und wieviel sie kostet

vi. wo er aussteigen soll

vii. wo die Geschäfte sich befinden

viii. Gib ihm Hinweise für die Rückfahrt (Haltestelle, Linie, Zeit), so daß er bis Mittag zurück ist.

4b Was würdest du ihm sagen? Nimm es auf!

Verb: kaufen = *to buy*

Präsens

ich kaufe	wir kaufen
du kaufst	ihr kauft
er kauft	sie kaufen
sie kauft	Sie kaufen

Futur: ich werde … kaufen
Perfekt: ich habe … gekauft
Präteritum: ich kaufte

Fragen: Kaufst du? Kaufen Sie?

ein/kaufen   verkaufen

Ausverkauf   Sommerschlußverkauf   Verkäufer

KAUFHOF

DAS ERLEBNIS HAUS

Wegweiser: Wo finde ich was …

A
Autoradios 5
Autozubehör 5

B
Babyartikel 3
Babywickelraum 3 + 6
Bademäntel — Damen 3
Badezimmerzubehör 4
Behindertentoilette 6
Bestecke B
Bettwaren 4
Bettwäsche 3
Bilderrahmen B
Buchbestell-Service 5
Bücher 5
Büro-Technik 5

C
Café-Bar-Cappuccino 2
Candy-Süßwarenshop 3
CD's 5
Computer: Vobis-Shop 5

D
Damenbekleidung 2
— Esprit
— Fashion Club
— Miss Selfridge
— Mondi
— Wallis
Damenhüte 2
Damenschuhe 1
Damenstrickmoden 2
Damenwäsche 3
Dekostoffe 4

E
Elektrogeräte (Klein-Geräte) B

F
Fernseher 5
Fernsprecher öffentl. 4 + 6
Filme B
Filmservice B
Foto-Film-Optik B
Fotokopien B
Foto-Minilabor B
Fotoservice B
Frisiersalon 6
Frottierwäsche 3

G
Gardinen 4
Gartenbedarf 5
Geldautomaten B + E
Geschenkartikel B
Glas/Porzellan B
Gürtel-Damen 2
Gürtel-Herren 1

H
Handarbeiten 3
Handschuhe E
Haushaltswaren B
Haushaltswäsche 3
Heimwerker 5
Herrenartikel 1
Herrenbekleidung 1
— Man's Fashion
Herrenhüte 1
Herrenschuhe 1

I
Information E
— Geschenk-Gutscheine
— Tax Free

K
Kinderbekleidung 3
Kinderschuhe 1
Kindersportbekleidung 3
Kinderwagen 3
Kissen 4
Kleiderstoffe 3
Koffer 1
Kosmetik E
Kundendienst 4
Kurzwaren 3

L
Lampen 4
Lebensmittel B
— Bestellservice
Lederwaren E
Lotto - Toto B

M
Matratzen 4
MC's 5
Miederwaren 3
Mister Minit B
— Absatzbar
— Gravuren
— Schlüsseldienst
— Stempel
Mode-Accessoires 2
Morgenmäntel — Damen 3
Morgenmäntel — Herren 1

N
Nähmaschinen 3

O
Optik-Foto B

P
FABIANI
Parfümerie E
Paßbildautomat B
Perücken E
Pixy-Foto 3
Porzellan B
Poster-Shop B

R
Radios 5
Reinigungsmittel B
Reisebüro ITS B
Restaurant 6

S
Schallplatten 5
Schirme E
Schmuck E
Schnittmuster 3
Schreibwaren B
Schuhe 1
Service Bank 4
— Geldanlagen
— Girokonten
— Kredite
— Versicherungen
Spiegel 4
Spielwaren 5
Strümpfe E
Süßwaren B

SPORT
Im Sportpalast
An der Hauptwache 1
Neben der Katharinenkirche

T
Tabakwaren B
Taschen E
Teen Fashion 3
Telefon Shop 5
Telespiele 5
Teppichboden-Studio 4
Teppiche 4
Tier-Pflegeartikel B
Tischdecken 3
Toiletten 4 + 6

U
Uhren E
Uhrenbatterieservice E

V
Video 5

W
Waschmittel B
WC 4 + 6

Z
Zeitschriften B
Zentralkassen B + 4

KAUFHOF Warenhaus AG, 60313 Frankfurt, An der Hauptwache, Telefon 069 / 21910, Fax 069 / 2191125

E = Erdgeschoß B = Basement

Du machst ein Betriebspraktikum bei der Auskunft in einem Kaufhaus.
Eine Gruppe von deutschen Touristen fragt, wo sie folgendes kaufen kann.

Was sagst du?

z.B. Im (zweiten) Stock/Im Untergeschoß, in der (Herren)abteilung.
Fahren Sie mit dem Fahrstuhl/der Rolltreppe hoch/runter.

C Austauschpraktikum

Du hilfst in einem Auskunftsbüro in Neustädtchen.

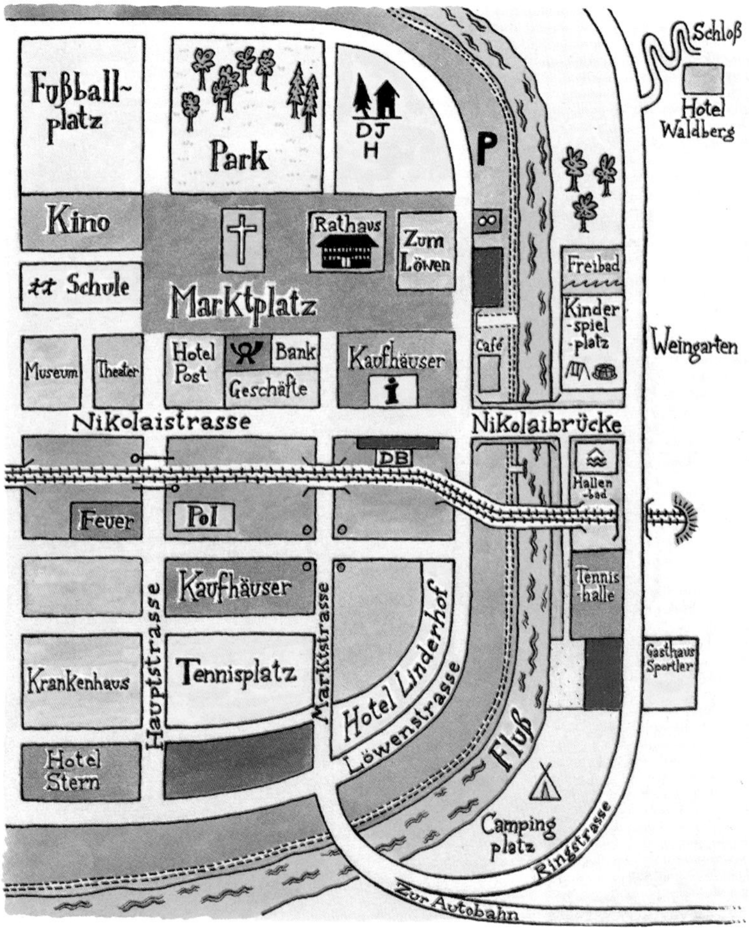

1a Hör zu! Wohin wollen sie? Was kannst du ihnen empfehlen? (1–12)

z.B. Parkhaus, …

1b Bereite deine Antworten vor und nimm sie auf Kassette auf.

z.B. Sie nehmen die erste/zweite/dritte Straße rechts/links.

SCHLOSSMUSEUM
Öffnungszeiten
10.00 Uhr – 17.00 Uhr
Eintritt 8,50 DM

Hotel Stern
Hallenbad u. Freibad
Sauna Wellenbad Solarium
8.00 Uhr – 18.00 Uhr

Tennishalle
9.30 Uhr – 21.30 Uhr
Preis: 4,50 DM pro Person pro Stunde

Zimmer frei

Hotels	Einzelzimmer	Doppelzimmer	Dreibettzimmer
Hotel Stern	1 D 35 DM	-	2 D 85 DM
Hotel Zum Löwen	- -	-	
Hotel Post	2 D 50 DM	4 D 88 DM 2 B 96 DM	1 D 112 DM
Gasthaus Sportler	1 28 DM	4 D 66 DM 3 B 76 DM	2 B 75 DM
Gasthaus Waldberg	-	3 D 50 DM 2 B 50 DM	1 D 60 DM
Gasthaus Linderhof	1 30 DM	3 D 60 DM 1 B 70 DM	3 B 75 DM

D Dusche B Bad

2 Du willst Hameln mit ein paar Freunden besuchen. Ihr wollt wissen,

i. wo der Campingplatz ist

ii. wie man vom Bahnhof zum Campingplatz kommt

iii. ob man im voraus buchen muß

iv. ob es ein Freibad in der Nähe gibt

v. und welche anderen Freizeitmöglichkeiten es gibt.

Schreib den folgenden Brief um.

York, den 6. Juni

Sehr geehrte Damen und Herren!

Wir haben die Absicht, vom 6. bis 13. August Hameln zu besuchen. Wir wären Ihnen dankbar, wenn Sie uns einige Broschüren, Informationen über die Stadt und eine Liste der Hotels schicken könnten.

Wir möchten auch gerne wissen, wann die Rattenfängergeschichte gespielt wird und ob es nötig ist, im voraus zu buchen? Was für Sportmöglichkeiten gibt es in der Stadt und der näheren Umgebung?

Ich danke Ihnen im voraus.

Mit freundlichen Grüßen

Die Clique

A Freunde und Freundinnen

1a Zu zweit. Beschreib die Leute in der Clique.

1b Gib eine schriftliche Beschreibung der Leute in der Clique.

... ist	am größten/kleinsten größer/kleiner als ... nicht so groß/klein wie ...
Seine/Ihre Haare sind	am längsten/kürzesten usw.

1c Wem gehören die Gegenstände? Woher weißt du das?

z.B. Das Mofa gehört Jens, weil er einen Helm hat.

2a Zu zweit. Wovor hat Jens Angst?

z.B. Er hat große Angst vor …

Name: *Jens*

Angst vor:	keine	wenig	viel	sehr viel
Aids		✔		
Alkoholismus	✔			
Arbeitslosigkeit			✔	
Atomwaffen	✔			
Drogen	✔			
Fliegen	✔			
Gewalt und Rassismus			✔	
Kernkraftunfällen			✔	
Krieg			✔	
schlechten Schulnoten				✔
Spinnen und Insekten	✔			
Umweltverschmutzung		✔		

7 **2b** Hör zu! Wovor hat Elke Angst?
Kopiere den Fragebogen und fülle ihn aus.

7 **2c** Kopiere den Fragebogen noch zweimal und

i. fülle ihn für dich aus.

ii. interviewe deinen Partner/deine Partnerin und fülle den zweiten Fragebogen aus.

iii. Schreib einen Bericht.

z.B. Ich habe mehr/weniger Angst vor …
Er/Sie fürchtet sich mehr vor …

A *Freunde und Freundinnen*

So wünscht sich Erwin seine Freundin:

~~Er~~/Sie muß ...	sehr wichtig	wichtig	gar nicht wichtig
sportlich sein	✓		
gut aussehen			✓
Humor haben	✓		
groß sein		✓	
modische Kleidung tragen		✓	
intelligent sein		✓	
die gleichen Interessen haben		✓	
die gleiche Musik gern hören	✓ (Rock und Jazz)		

Tierlieb und Nichtraucherin!

3a i. Zu zweit. Wie wünscht sich Erwin seine Freundin?

ii. Schreib einen Bericht.

z.B. Seine Freundin muß unbedingt Humor haben. Sie muß nicht ...

3b Wie sieht es bei dir aus? Kopiere den Fragebogen und füll ihn für dich aus.

8

3c Hör zu! **i.** Mit wem würde Erwin am besten auskommen? Warum?

ii. Mit wem würdest du am besten auskommen? Warum?

3d Mein(e) Traumfreund(in). Mach eine Beschreibung.

z.B. Mein(e) Traumfreund(in) wäre (sportlich/Nichtraucher(in)).
Er/Sie | hätte (blonde Haare/dunkle Augen).
würde sich für (Musik und Computer) interessieren.
würde gern ... spielen/Sport treiben/faulenzen/...
würde gut aussehen.
wäre nicht zu laut und angeberisch.

4a Raucher oder Nichtraucher? Mit welchen Sätzen bist du einverstanden, und welche findest du falsch?

- **a** Man fühlt sich selbstbewußter mit einer Zigarette in der Hand.
- **b** Zigaretten schmecken mir.
- **c** Ich werde lustiger, wenn ich rauche.
- **d** Man gehört zur Clique, alle rauchen.
- **e** Ich kann es einfach nicht leiden.
- **f** Es ist eine reine Geldverschwendung.
- **g** Es ist gesundheitsschädlich.
- **h** Es gehört zur Stimmung.
- **i** Man kann an Lungenkrebs erkranken.
- **j** Es macht Spaß.
- **k** Es ist gefährlich, besonders wenn man unter Asthma leidet.
- **l** Die Leute, die rauchen, haben stinkende Kleider, und ihr Atem stinkt.

4b **i.** Zu zweit. Was meint ihr? Seid ihr Raucher oder Nichtraucher? Warum?

ii. Bist du Raucher oder Nichtraucher? Warum? Schreib die Antwort auf.

4c Hör zu! Mit wieviel Jahren darf bzw. muß man in Deutschland ... ?

- **a.** rauchen
- **b.** Mofa fahren
- **c.** Alkohol trinken
- **d.** Auto fahren
- **e.** in eine Disko gehen
- **f.** wählen
- **g.** zur Bundeswehr gehen oder Zivildienst leisten

4d Zu zweit. Und bei euch? Mit wieviel Jahren darf man rauchen usw.?

Bei uns darf man mit ...

Fragewörter

Wer?	Wer ist größer als du? Wer hat im Juni Geburtstag?
Wie?	Wie alt bist du? Wie geht es dir?
Was?	Was ist dein Lieblingsfach? Was hast du heute vor?
Wo?	Wo wohnst du? Wohin gehst du?
Warum?	Warum rauchst du?
Was für?	Was für Trainingsschuhe hast du?
Wieviel?	Wieviel kostet das?
Wie viele?	Wie viele Stifte hast du?

Aus dem Tagebuch der Anne Frank

Sonntag, 27. September 1942

Liebe Kitty!

Heute habe ich wieder eine sogenannte »Diskussion« mit Mutter gehabt. Das Schlimme ist, ich breche immer sofort in Tränen aus, ich kann es nicht ändern. Papa ist immer lieb zu mir, und er versteht mich auch viel besser. Ach, ich kann Mutter in solchen Momenten nicht ausstehen, und ich bin für sie auch eine Fremde. Das sieht man gleich, sie weiß noch nicht mal, wie ich über die normalsten Dinge denke.

...

Auch mit Margot verstehe ich mich nicht sehr gut. Obwohl es in unserer Familie nie so einen Ausbruch wie oben gibt, ist es doch längst nicht immer gemütlich. Ich habe eine ganz andere Natur als Margot und Mutter, sie sind so fremd für mich. Ich verstehe mich mit meinen Freundinnen besser als mit meiner eigenen Mutter. Das ist schade, gell!

ändern = *to change*
Ausbruch = *outburst*
aus/stehen = *to stand/put up with*
der Fremde = *stranger*
gell = *isn't it*
gemütlich = *comfortable*
obwohl = *although*
sofort = *straight away*
sogenannt = *so-called*
in Tränen aus/brechen = *to burst into tears*

Mittwoch, 14. Oktober 1942

...

Mutter, Margot und ich sind wieder die besten Freundinnen, und das ist eigentlich viel angenehmer. Gestern abend lagen Margot und ich zusammen in meinem Bett. Es war sehr eng, aber gerade deshalb witzig. Sie fragte, ob sie mal mein Tagebuch lesen dürfte. »Manche Stücke schon«, sagte ich und fragte nach ihrem. Das dürfte ich dann auch lesen.

So kamen wir auf die Zukunft, und ich fragte sie, was sie werden wollte. Aber das wollte sie nicht sagen, sie machte ein großes Geheimnis daraus. Ich habe mal so etwas aufgeschnappt wie Unterricht. Ich weiß natürlich nicht, ob das stimmt, aber ich vermute, daß es in diese Richtung geht. Eigentlich darf ich nicht so neugierig sein.

Heute morgen lag ich auf Peters Bett, nachdem ich ihn erst verjagt hatte. Er war wütend auf mich, aber das kann mir herzlich wenig ausmachen. Er könnte ruhig mal etwas freundlicher zu mir sein, denn gestern abend habe ich ihm noch einen Apfel geschenkt.

Ich habe Margot mal gefragt, ob sie mich sehr häßlich fände. Sie sagte, ich sähe witzig aus und hätte hübsche Augen. Ziemlich vage, findest Du nicht auch?

Bis zum nächsten Mal!

Anne Frank

angenehm = *pleasant*
Geheimnis = *secret*
manche = *some*
neugierig = *inquisitive*
verjagen = *to chase away*
vermuten = *to guess*
witzig = *fun, funny*
wütend = *furious*

Sonntag, 27. Februar 1944

Liebste Kitty!

Von morgens früh bis abends spät denke ich eigentlich an nichts anderes als an Peter. Ich schlafe mit seinem Bild vor Augen ein, träume von ihm und werde wieder wach, wenn er mich anschaut.

Ich glaube, daß Peter und ich gar nicht so verschieden sind, wie das von außen wirkt, und ich erkläre Dir auch warum: Peter und ich vermissen beide eine Mutter. Seine ist zu oberflächlich, flirtet gern und kümmert sich nicht viel um Peters Gedanken. Meine bemüht sich zwar um mich, hat aber keinen Takt, kein Feingefühl, kein mütterliches Verständnis.

oberflächlich = *superficial*
Verständnis = *understanding*
wirken = *to seem*

Sonntag, 16. April 1944

Liebste Kitty!

Behalte den gestrigen Tag, er ist sehr wichtig für mein ganzes Leben. Ist es nicht für jedes Mädchen wichtig, wenn sie den ersten Kuß bekommt?

...

Gestern abend um acht saß ich mit Peter auf seiner Couch. Schon bald legte er einen Arm um mich. (Weil Samstag war, hatte er keinen Overall an.) »Rücken wir ein bißchen weiter«, sagte ich, »damit ich mit dem Kopf nicht an das Schränkchen stoße.«

Er rückte fast bis zur Ecke, ich legte meinen Arm unter seinem Arm hindurch auf seinen Rücken, und er begrub mich fast, weil sein Arm um meine Schulter hing. Wir hatten schon öfter so gesessen, aber nie so dicht nebeneinander wie gestern abend. Er drückte mich fest an sich, meine Brust lag an seiner, mein Herz klopfte. Aber das war noch nicht alles. Er ruhte nicht eher, bis mein Kopf auf seiner Schulter lag und der seine darauf. Als ich mich nach ungefähr fünf Minuten etwas aufrichtete, nahm er meinen Kopf in die Hände und zog ihn wieder an sich. Oh, es war so herrlich! Ich konnte nicht sprechen, der Genuß war zu groß.

Answer the questions for a non-German-speaking person.

A Describe Anne's relationship with the other members of her family.

B What plans do Anne and Margot have for the future?

C According to Anne what do she and Peter have in common?

B Kleidung

umweltfreundlich ...
T-Shirt von Greenpeace
Jeans vom Flohmarkt
Pulli aus Recyclingwolle
Jeanstasche vom Flohmarkt

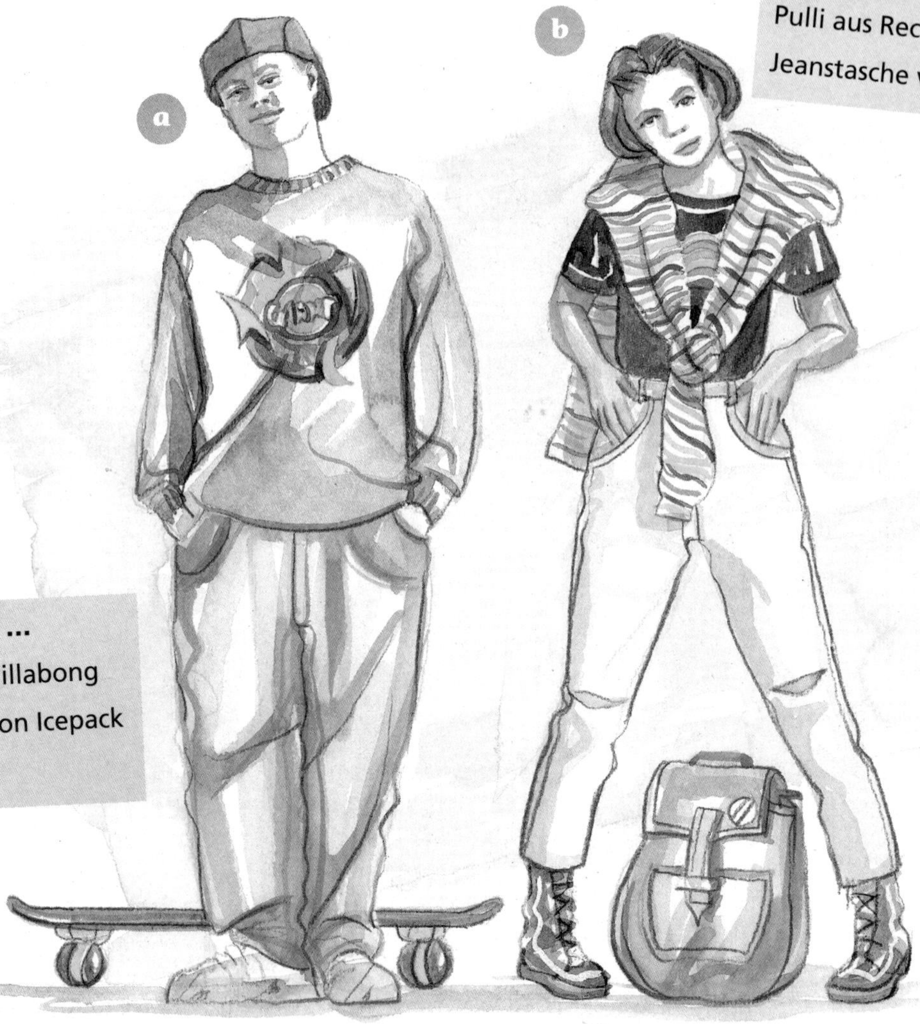

cool und lässig ...
Sweatshirt von Billabong
Baseballmütze von Icepack
Levi-Jeans

1a i. Zu zweit. Was tragen sie?

Mannequin A trägt ...

Mask.	Fem.	Neutr.	Pl.
einen blauen Rock	eine verwaschene Hose	ein kariertes Hemd	schwarze Stiefel

ii. Beschreib die Outfits schriftlich.

9 **1b** Hör zu! Was kosten die Kleidungsstücke? Wie finden sie sie? (1–13)

z.B. Sweatshirt, 64 DM, ✔/O.K.

1c Zu zweit. Wie findet ihr die Kleidungsstücke? Stellt euch gegenseitig Fragen.

A: Wie findest du (den blauen Rock)?
A: Warum?

B: Gut. Er gefällt mir!
B: Weil er ...

eng, prima, neu, schick, kurz, billig, alt, bequem, altmodisch, modisch, cool, weit

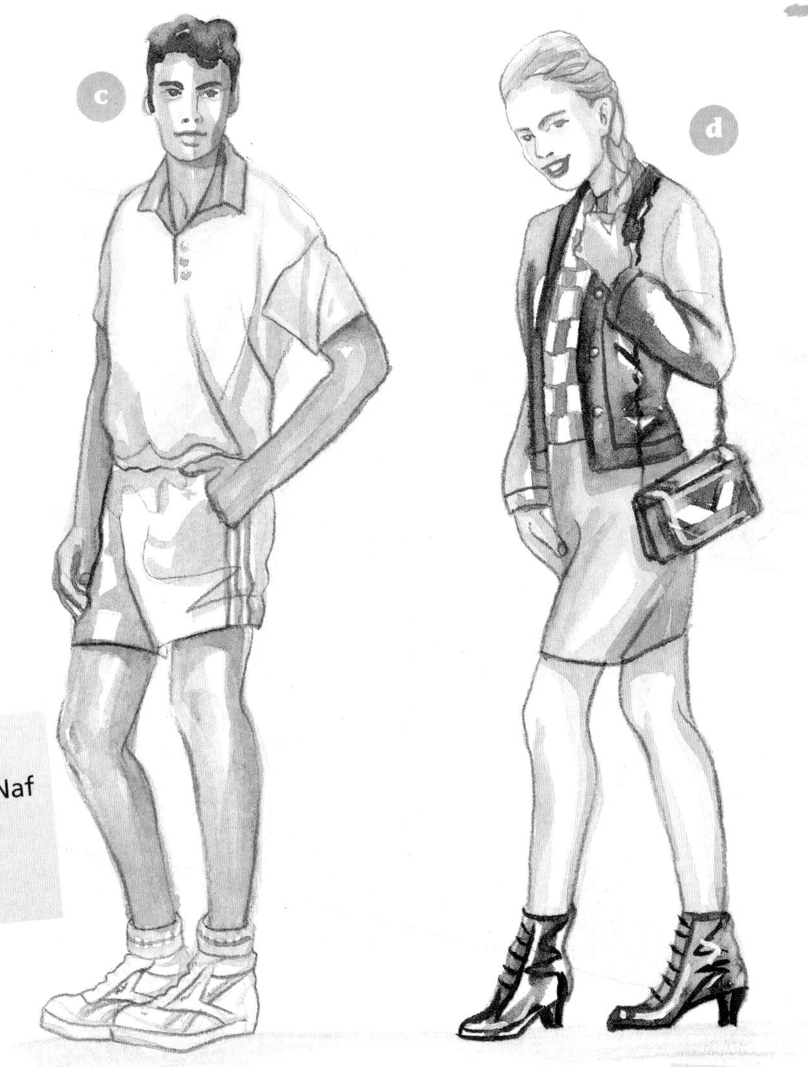

sportlich ...
Polohemd von Naf-Naf
Schuhe von Reebok
Shorts von Adidas

schick und klassisch ...
Jacke von French Connection
Hemd von C & A
Rock von Armani
Stiefel von Ravel

Klamotten (ugs.) – Kleidung

2a Was für Klamotten trägst du am liebsten? Warum?
Schreib die Antwort auf.

z.B. Ich bevorzuge lässige Klamotten, zum Beispiel ... , weil sie ... sind!

2b Was würdest du tragen? Warum?
Wähl zwei Situationen aus und schreib die Antworten auf.

z.B. Ich würde ... tragen, weil ich (schick) aussehen will.

i. Du gehst zu einem Vorstellungsgespräch in einem Geschäft.

ii. Du bist bei deinem Freund/deiner Freundin zum Mittagessen eingeladen und willst einen guten Eindruck machen.

iii. Du gehst auf eine Party und willst neue Freunde kennenlernen und Spaß haben.

iv. Du machst ein Betriebspraktikum in einem Büro.

B Kleidung

Schmuck …

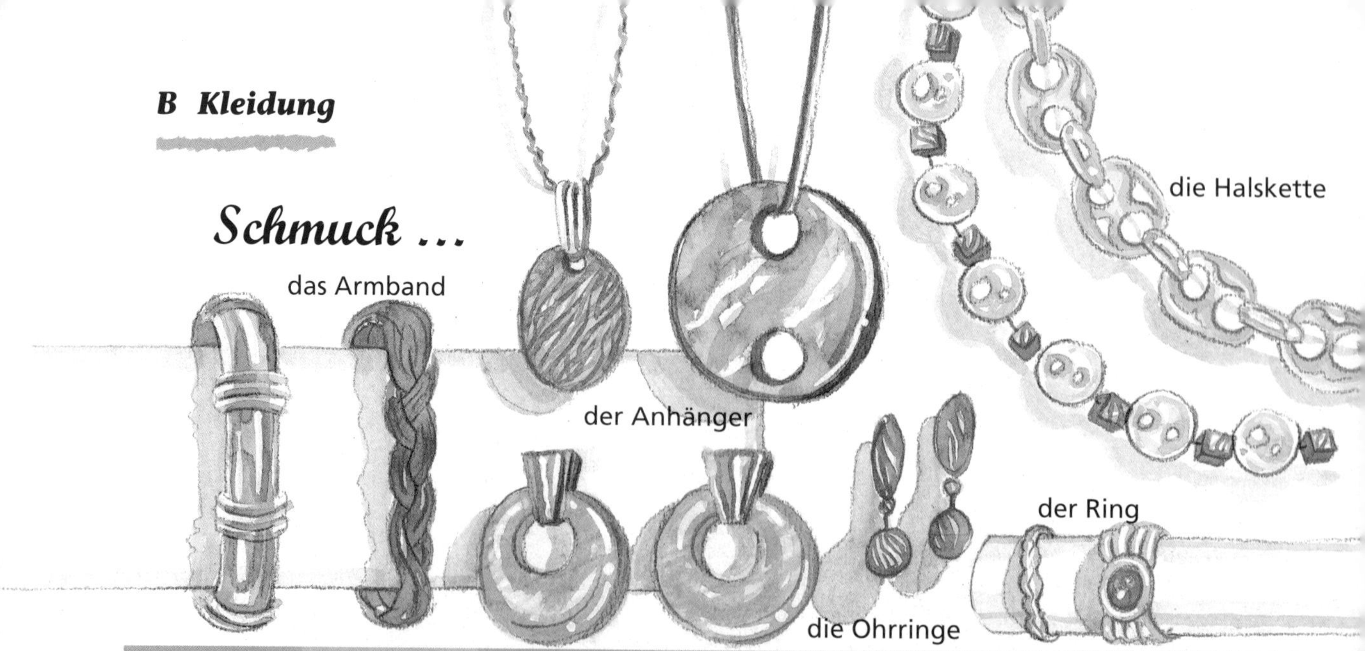

aus Leder | aus Holz | aus Silber | aus Gold | aus Kupfer | aus Stein | aus Glas

3a Zu zweit. Schmuck: Stellt euch gegenseitig Fragen.

z.B. A: Welch(e) (Halskette) findest du besser?
B: Ich finde (die Halskette aus …) besser als (die Halskette aus …).
A: Warum?
B: Weil er/sie/es billiger/schöner/modischer/kleiner/größer ist/sind.

ausgeflippt — flott — praktisch — geschmacklos

3b Zu zweit. Klamotten: Stellt euch gegenseitig die Frage: Was findest du besser?

z.B. Die Bluse mit den langen Ärmeln oder die Bluse mit den kurzen Ärmeln?
Die Jeans mit dem Reißverschluß oder … ?

aus Seide, aus Wolle, aus Baumwolle, aus Kunststoff
aus Cord, aus Leinen, aus Leder, kariert, gepunktet
gestreift, einfarbig, gemustert, bunt

Adjektive

Gruppe 2: nach der/dieser/jener usw.

	Mask.	Fem.	Neutr.	Pl.
Nom.	der blau**e** Pulli	die schwarz**e** Hose	das rot**e** Hemd	die neu**en** Schuhe
Akk.	den blau**en** Pulli	die schwarz**e** Hose	das rot**e** Hemd	die neu**en** Schuhe
Gen.	des blau**en** Pulli**s**	der schwarz**en** Hose	des rot**en** Hemd**es**	der neu**en** Schuhe
Dat.	dem blau**en** Pulli	der schwarz**en** Hose	dem rot**en** Hemd	den neu**en** Schuhe**n**

Gruppe 3: nach ein/kein/mein/dein/sein/ihr/unser usw.

	Mask.	Fem.	Neutr.	Pl.
Nom.	mein blau**er** Pulli	meine schwarz**e** Hose	mein rot**es** Hemd	meine neu**en** Schuhe
Akk.	meinen blau**en** Pulli	meine schwarz**e** Hose	mein rot**es** Hemd	meine neu**en** Schuhe
Gen.	meines blau**en** Pulli**s**	meiner schwarz**en** Hose	meines rot**en** Hemd**es**	meiner neu**en** Schuhe
Dat.	meinem blau**en** Pulli	meiner schwarz**en** Hose	meinem rot**en** Hemd	meinen neu**en** Schuhe**n**

... und *Klamotten*

- der Ärmel(-)
- der Gürtel (-)
- der Knopf(¨e)
- der Kragen(-)
- der V-Ausschnitt(e)
- der Reißverschluß(¨sse)
- die Tasche(n)

3c Hör zu! Was suchen sie? (1–6)

z.B. 1 Eine weiße Bluse ...

3d Wähle ein Kleidungsstück aus und schreib eine Verlustanzeige.

z.B. Ich habe meine Lederjacke irgendwo auf dem Schulhof liegenlassen.
Sie ist dunkelbraun mit einem Reißverschluß. Hat jemand sie gefunden?
Karl Block 9b

4 Marktforschung: Wähle zwei Gegenstände aus.
Interviewe 10 Personen und schreib die Ergebnisse auf.

z.B. Mehr Leute bevorzugen (die Halskette aus ...) als (die Halskette aus ...), weil (sie ...) ist/sind.

Verb: sich an/ziehen = *to get dressed*

Präsens

ich ziehe mich an	wir ziehen uns an
du ziehst dich an	ihr zieht euch an
er zieht sich an	sie ziehen sich an
sie zieht sich an	Sie ziehen sich an

Futur: ich werde mich anziehen
Perfekt: ich habe mich angezogen
Präteritum: ich zog mich an

Fragen: Ziehst du dich an? Ziehen Sie sich an?

Ich ziehe (mir) einen Mantel an. Was ziehst du (dir) an?
sich aus/ziehen   sich um/ziehen   ziehen

Lesefutter 8

Susanne und Katja sind das, was man unter Busenfreundinnen versteht. Sie reden über alles. Natürlich erzählt Katja Susanne, daß sie sich verliebt hat.

S: Hallo, Katja. Warum grinst du so?

K: Er hat mich angelächelt!

S: Angelächelt? Wer hat dich angelächelt? Ich verstehe immer nur Bahnhof.*

K: Thomas. Wer sonst? Der ist doch extrem goldig!

S: Du meinst doch wohl nicht den Thomas mit den kurzen braunen Haaren und der Kartoffelnase?

K: Erstens hat er eine sehr schöne Nase und keine Kartoffelnase, und zweitens ist er total süß.

S: Süß? Bist du in Thomas verknallt? Nur Verliebte sehen alles so, als hätten sie eine rosarote Brille auf der Nase!

K: Ja, ich bin in Thomas verschossen. Ist das verboten?

S: Oh je! Na ja, wenn du meinst. Es gibt Schlimmeres.

K: Ich finde ihn schnuckelig, und er lächelt dauernd herüber.

S: Bist du sicher, daß er dich meint?

K: Ich weiß nicht. Ich glaube schon.

S: Dann sprich ihn doch einfach mal an.

K: Nein, das lasse ich lieber. Mir wäre es peinlich, ich würde nur stottern.

S: Na gut, wie du willst, dann warte halt, bis ihn sich eine andere gekrallt hat.

K: Oh Mensch, du hast eine Art, einen zu überzeugen.

S: Na bitte, er geht doch. Wann sprichst du ihn an?

K: Jetzt nicht. Wenn sein Kumpel dabei ist, finde ich das peinlich.

S: Wann aber denn?

K: Meinst du, die beiden kommen heute abend zu Brunos Party?

S: Eingeladen sind sie.

K: Aber was soll ich sagen?

S: Planen bringt da wenig. Verlaß dich auf deine Spontaneität.

K: Ja, aber was soll ich denn anziehen?

S: Weißt du was? Ich komme vorbei und helfe dir beim Stylen.

K: Danke. Du bist ein Schatz!

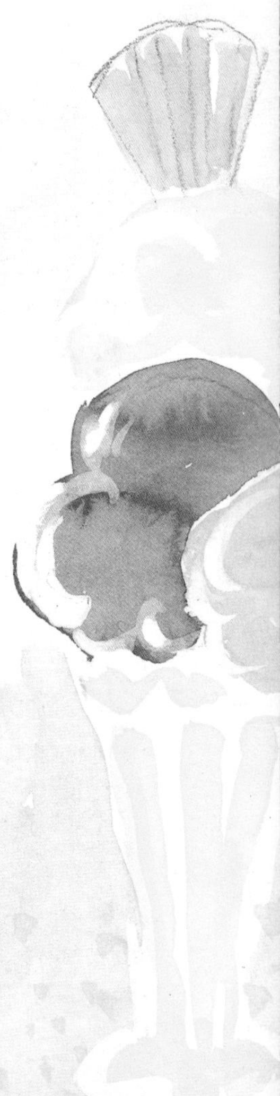

**It's all double Dutch to me.*

Nur einige Meter entfernt unterhält sich Thomas mit seinem Freund Christian, auch über das Verliebtsein.

C: Kannst du mir mal erklären, warum du so da rüber starrst und grinst wie ein Honigkuchenpferd?

T: Ist dir die da noch nicht aufgefallen?

C: Wer? Katja oder Susanne?

T: Katja natürlich. Diese Beine, dieses Fahrgestell. Sie ist scharf wie eine Rasierklinge.

C: Na ja, wenn du meinst. Mir persönlich gefällt Susanne besser, da ist doch wenigstens was dran.

T: Was? Du stehst auf Susanne! Das ist mir noch gar nicht aufgefallen.

C: Ich höre ja heute auch zum erstenmal, daß du es auf Katja abgesehen hast.

T: Meinst du, ich habe überhaupt eine Chance bei ihr?

C: Warum denn nicht?

T: Na ja, sie ist so schön. Sie kann jeden haben, und ich mit meiner Kartoffelnase.

C: Na nun übertreib mal nicht so, so groß ist deine Nase auch wieder nicht. Sprich sie doch einfach mal an!

T: Nein, ich trau' mich doch nie. Könntest du das nicht vielleicht für mich tun?

C: Nein, da mußt du selbst durch. Aber weißt du was? Ich frage Bruno, ob er die zwei auch auf seine Party eingeladen hat.

T: Ach ja, die Party wäre die Chance.

C: Hoffen wir mal das Beste.

T: Traust du dich, Susanne zu fragen, ob sie mal mit dir tanzt?

C: Wenn du mit Katja tanzt.

T: Hoffentlich traue ich mich.

C: Notfalls prügele ich dich hin!

T: O.K., also dann bis heute abend …

C Drogen

Heroin ist eines der gefährlichsten Rauschgifte. Es wird über eine ganze Reihe chemischer Prozesse aus Rohopium gewonnen. Die Wirkung des weißen Pulvers besteht darin, daß man sich für eine kurze Zeit ganz toll und easy fühlt. Die Zeit wird immer kürzer, und man braucht mehr und mehr Heroin, bis man komplett abhängig ist. Wenn man dann kein Heroin bekommt, leidet man unter furchtbaren Schmerzen, die man Entzugserscheinungen oder "Cold Turkey" nennt.

Cannabis ist eine Pflanze. Die Blätter werden geraucht. Die harzhaltigen Pflanzenteile werden als **Marihuana** bezeichnet. Das ausgeschiedene Harz wird auch **Haschisch** genannt. Haschisch ist viel stärker als Marihuana. Marihuana und Haschisch sind gefährliche Drogen und führen zur Sucht.

Kokain wird unter Verwendung chemischer Substanzen aus den Blättern des Kokastrauches gewonnen. Nach der Einnahme von Kokain ist man aufgeputscht, und man fühlt sich stark. Die psychische Abhängigkeit ist besonders stark.

LSD wurde ursprünglich auf chemischem Weg aus dem Mutterkorn (ein Pilz, der das Getreide befällt) gewonnen. Inzwischen ist die synthetische Herstellung in einer Giftküche üblich. Von LSD bekommt man starke Halluzinationen. Es tritt eine starke psychische Abhängigkeit ein.

Crack ist eine Kokainzubereitung, die durch Umwandlung des Kokainhydrochlorids in den basischen Zustand entsteht. Die Wirkung ist ein schlagartiger Rauscheintritt. Man kann schon nach der ersten Einnahme süchtig werden.

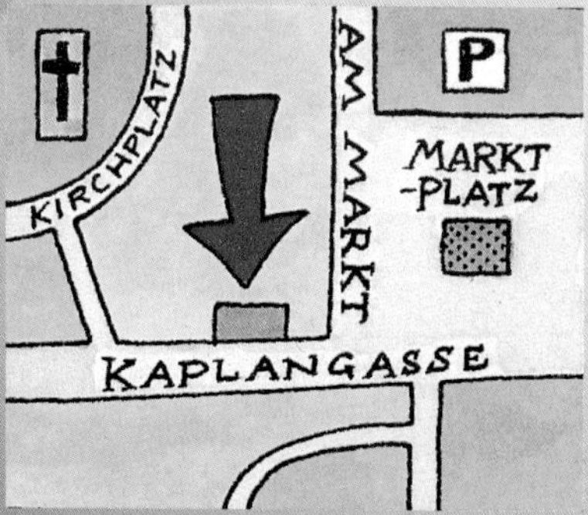

Die Drogenberatung ist zu erreichen

Mo	8.30-12 Uhr	14-16 Uhr
Di	8.30-12 Uhr	14-16 Uhr
Mi		14-16 Uhr
Do	8.30-12 Uhr	14-16 Uhr
Fr	8.30-12 Uhr	

Meistens fängt es ganz harmlos an ...

Man sitzt mit seiner Clique zusammen, wo natürlich auch geraucht und getrunken wird, doch irgendwann wird das zu langweilig, und man möchte mal etwas anderes ausprobieren ... und am Ende wird man dann noch süchtig.

Zu den legalen Drogen gehören Alkohol, Medikamente und Zigaretten. Man bekommt sie überall. Die illegalen Drogen – Heroin, Kokain, Haschisch, Cannabis, synthetische Drogen, LSD und Crack – sind schon etwas schwieriger zu bekommen, aber in vielen Ländern werden sie heutzutage oft auf dem Schulhof angeboten.

In Deutschland gibt es Tausende von Alkoholkranken, Heroinabhängigen, Schnüffelkindern und Cannabisabhängigen ... und es gibt auch viele Drogentote.

1a Du bist auf einer Party. Ein Junge verkauft „Tabletten". Dein Freund will eine Tablette probieren. Was sagst du, um ihm das auszureden? Schreib es auf!

z.B.
- Bist du blöd? Willst du dich ... ? Weißt du nicht ... ?
- Es ist zu gefährlich. Du weißt doch nicht, was drin ist!
- Du darfst nicht!
- Wenn du eine Tablette kaufst, (gehe) ich (nach Hause).

1b Hör zu! Die Party. Was geschieht? Erzähl die Geschichte.

1c *Write a summary of the information about drugs in English.*

Wann	*When? (At what time?)*	Wann treffen wir uns? Ich frage Bruno, wann die Party beginnt.
Als	*When (once in the past)*	Als ich jung war, habe ich ... Als ich zum erstenmal in die Schule kam, war ich ...
Wenn	*If* *When(ever)*	Wenn das Wetter gut ist, gehen wir ins Freibad. Wenn ich keine Schule hatte, blieb ich bis Mittag im Bett.

Medien

A Fernsehen

ARD

17.10 Hit-Clip Spezial
David Bowie: Porträt eines Superstars

17.55 Tagesschau
Nachrichten

18.00 Eine schrecklich nette Familie
Familienserie

19.00 Ein blendender Spion
Spionagefilm

20.00 Tagesschau
Sport u. Nachrichten

20.15 Das Land des Regenbaumes
US Spielfilm

RTL

17.00 Die Sendung mit der Maus
Zeichentrickserie

17.30 Die kleine Dampflok
Zeichentrickfilm

18.00 Nachrichten

18.05 Wetter

18.10 Trinidad, Karneval der Kulturen
Dokumentarfilm

19.00 heute. Wetter

19.05 Sportspiegel Fußball
Eintracht Frankfurt – Borussia Dortmund

20.00 Star Trek Film

3 Sat

16.30 Schulfernsehen,
Hilfe bei Mathe

18.00 Sesamstraße
Für Kinder

18.30 Lindenstraße
Familienserie

19.00 Das internationale t.v. Kochbuch:
Portugal

20.00 Rufen Sie uns an.
Gespräche über Gesundheit

20.30 Das Magazin aus Berlin
Menschen, Meinungen u. Musik

1a Ordne die Sendungen aus dem Fernsehprogramm nach folgenden Titeln:

der Dokumentarfilm
die Kindersendung — der Krimi — die Nachrichten
die Serie — der Spielfilm — die Sportsendung
das Unterhaltungsprogramm — der Werbespot
der Wetterbericht — der Zeichentrickfilm

1b Zu zweit. Stellt euch gegenseitig Fragen.

z.B. A: Wie findest du (Musik)sendungen?
B: Sie sind ganz gut/interessant/spannend/blöd/langweilig/O.K./eine Zeitverschwendung.
Die Sendungen sind gut gemacht/eine Geldverschwendung.

1c Suche eine Sendung für:

i. deinen Vater, der gern Sport und Nachrichten guckt.

ii. deine Mutter, die Familienserien gern hat.

iii. einen jüngeren Bruder, der nur Zeichentrickfilme und Horrorfilme guckt.

iv. einen Freund, der am liebsten Science-fiction guckt.

v. eine Freundin, die für Musiksendungen schwärmt.

1d Was würdest du am liebsten gucken? Was für Sendungen sind das?

1e Du bist Programmplaner. Stell das Abendprogramm zusammen.
Erkläre deinem Partner/deiner Partnerin dein Programm.

z.B. Ich würde mit ... anfangen, für die Leute, die gern ... gucken.

2a Zu zweit. Was würdet ihr gern gucken?

Welche Sendungen gucken wir heute abend?

Wir könnten mal ... ansehen./Wie wäre es mit ... ?

Langeweile!

Das interessiert mich nicht.

Ja, gut.

Prima!

Auf welchem Kanal?

(RTL)

Um wieviel Uhr?

Um ...

2b Hör zu! Was werden sie anschauen? (2)
Auf welchem Kanal? Um wieviel Uhr?

2c Erklär Tobias, was für Sendungen dies sind:

z.B. „Home and Away" ist eine Serie.

5.10 Home and Away
5.40 News and weather
6.00 Star Trek
6.45 Blockbusters
7.15 International athletics
7.30 Coronation Street
8.00 The Bill
8.30 Cooking for Two
9.00 Baywatch

2d Wähle eine Sendung aus und gib eine genauere Erklärung.

z.B. (Neighbours) ist (eine australische Familienserie).
Es handelt sich um (den Alltag von Leuten, die nah beieinander wohnen).
Es geht um | einen Mann/einen Jungen, der ... heißt und (nicht gut mit seinem Sohn auskommt).
| eine Frau/eine junge Frau, die ... heißt und (sich in ... verliebt).
| mehrere junge Leute, die (sich streiten/nur ganz normal sind).
(Die Serie) spielt in (Australien).
Der/Die Hauptdarsteller(in) ist/sind ...

A Fernsehen

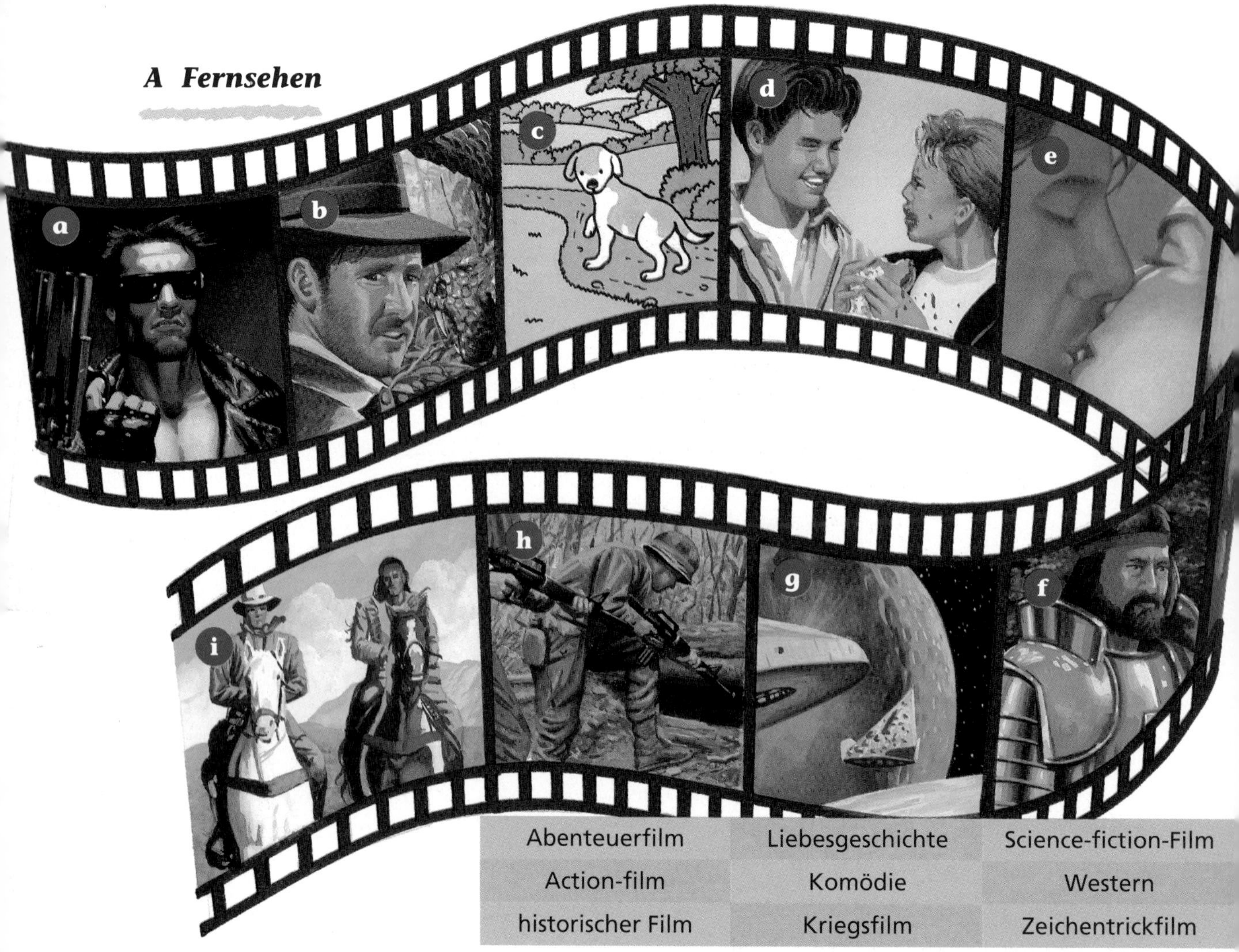

Abenteuerfilm	Liebesgeschichte	Science-fiction-Film
Action-film	Komödie	Western
historischer Film	Kriegsfilm	Zeichentrickfilm

3a Was für Filme sind das?

z.B. … ist eine Liebesgeschichte.

3b Zu zweit. Nennt einen Film von jeder Art.

z.B. Star Wars ist ein …

3c Zu zweit. Interviewt euch gegenseitig.

Hast du … schon gesehen?

Ja. | Nein. | Noch nicht.

Wie war der Film? | Möchtest du den Film sehen?

Gut/O.K./Nicht gut. | Nein. (Horrorfilme) sehe ich nicht gern. | Ja, gerne.

Wer spielt mit? | Wer ist der Regisseur?

Hauptdarsteller ist/sind … | Ich weiß es nicht.

Wer ist dein Lieblingsschauspieler/deine Lieblingsschauspielerin?

(Tom Cruise)/(Jodie Foster).

3d Wähle einen Film aus und schreib eine Kritik.

z.B. ... ist ein (Abenteuer)film.
Der Film spielt in (Amerika).
Es handelt sich um | einen Mann/einen Jungen, der (sich in eine Frau verliebt).
eine Frau/eine junge Frau, die (in New York wohnt).
ein Mädchen/ein Baby, das (allein zu Hause ist).
Der/Die Hauptdarsteller(in) ist/sind ...
Der Film ist ein Volltreffer./Der Film geht noch./Vergiß es!

4 Kannst du eine Geschichte erzählen?

Timm und Marco sind Brüder, die sich gut verstehen und immer alles zusammen machen. Sie wohnen in einem Vorort von Frankfurt am Main. Nachdem Timm monatelang unter schweren Kopfschmerzen gelitten hat, läßt er sich von einem Spezialisten untersuchen. Das Ergebnis ist schockierend: der Siebzehnjährige leidet unter einem bösartigen Gehirntumor, der operativ nicht entfernt werden kann. Sein fünfzehnjähriger Bruder will die Diagnose nicht wahrhaben und beschließt, mit Timm nach Amerika zu fahren, weil er glaubt, daß man die Krankheit da besser behandeln kann ...

Wie kommen sie nach Amerika? Was geschieht? Erzähl die Geschichte weiter!

Verb: sehen = *to see*

Präsens

ich sehe	wir sehen
du siehst	ihr seht
er sieht	sie sehen
sie sieht	Sie sehen

Futur: ich werde sehen
Perfekt: ich habe gesehen
Präteritum: ich sah

Fragen: Siehst du? Sehen Sie? Hast du ... gesehen?

fern/sehen:	Ich sehe fern. Ich habe ferngesehen.
aus/sehen:	Er sieht müde aus. Er sah krank aus.

Mit meiner Gastfamilie

Ein Jahr in den USA

Ich heiße Franz Xaver, bin 17 Jahre alt und besuche das Gymnasium Zwiesel. Zwiesel ist eine Kleinstadt im Bayerischen Wald. Letztes Jahr, 1994, bekam ich die Chance, für ein Jahr in USA auf eine High School zu gehen. Am 28. August 1994 flog ich mit gemischten Gefühlen von München nach Frankfurt und von dort weiter nach New York, und von da nach Minneapolis. Am Flughafen sah ich dann das erste Mal meine zukünftigen Gasteltern Dave und Lois Nelson. Sie brachten mich in ein kleines Dorf, Medford, ungefähr 60 Kilometer südlich von Minneapolis. In Medford war auch meine Schule, die ich ein ganzes Jahr lang besuchen sollte. Meine Gasteltern waren sehr nett und nahmen mich sofort in ihre Familie auf. Ich bekam das Zimmer von Mike, dem Sohn, der bereits das College besuchte. Trotz meiner anfänglichen Schwierigkeiten mit dem amerikanischen Akzent verstand ich mich sehr gut mit meinen Gasteltern, besonders mit Dave, der mich zum Fischen und zum Football mitnahm. Wir fuhren öfter an den Clear Lake, oder Lake Sekada circa 50 Kilometer im Umkreis von Medford. Ende Mai 1995 unternahmen wir einen größeren Ausflug an die Kanadische Grenze. Wir wohnten in einer Blockhütte und aßen unsere selbstgefangenen Fische. Das war wunderbar.

Jeden Tag um 8.30 begann die Schule mit Chemie. Meine weiteren Fächer waren amerikanische Geschichte, Englisch, Sozialkunde, Mathematik und Werken. In Deutschland hat jede Klasse ihr Klassenzimmer und wartet dort auf die verschiedenen Lehrer. In Amerika „wandern" die Schüler. Die Lehrer haben ihren eigenen Raum. Man hat jeden Tag die gleichen Fächer in einer bestimmten Reihenfolge. Meine Lehrer waren sehr nett und hatten für meine sprachlichen Schwierigkeiten am Anfang viel Verständnis. Die Schule, die ich besuchte, war sehr klein und hatte 300 Schüler. Deshalb kannte jeder jeden.

Sport wird in Amerika groß geschrieben. Viele Schüler nehmen an sportlichen Aktivitäten teil, und so entschied ich mich für das Schwimmteam. Während der Schwimmsaison, die Mitte November begann und Anfang März zu Ende ging, wurde täglich 3 Stunden trainiert. Wir schwammen im Durchschnitt 5 Kilometer am Tag, und einige Tage erreichten wir 8 Kilometer. Ich nahm auch an Schwimmwettkämpfen der verschiedenen Schulen teil, die mich bis nach Rochester führten, wo sich die weltbekannte Mayoklinik befindet. Wir hatten manchmal 2 oder 3 Wettkämpfe in einer Woche. Meine beste Zeit auf 100 Yards Brust war 1:06.34 Minuten. In dieser Disziplin war ich der beste im Team. Kraul war meine schwächere Disziplin. Der Höhepunkt der Schwimmsaison war für mich, daß ich auserwählt wurde, als Auswechselschwimmer zum Minnesota State Swim Meet im Aquatic Center in Minneapolis mitzufahren.

An Lake Sekada

Die Schüler waren sehr offen und hilfsbereit. Sie stellten mir viele Fragen über meine Heimat und zeigten sich sehr interessiert. Ich fand auch bald 2 gute Freunde, Matt und Tim. Beide wollen mich auch in Deutschland besuchen. An den Wochenenden gingen wir regelmäßig zu Partys. Auf diese Weise lernte ich immer neue Leute kennen.

Mehrere Vereine wie z.B. Medford Civic Club luden mich ein, auf einer Versammlung etwas über meine Heimat zu erzählen. Das war sehr aufregend für mich, und das erste Mal war ich sehr nervös. An Weihnachten hielt ich in der Congregational Church einen Vortrag über deutsche Weihnachtsbräuche. Zu Weihnachten werden viele Häuser mit bunten elektrischen Kerzen geschmückt. Dies kam mir sehr kitschig vor, und außerdem stieg unsere Stromrechnung z.B. um 100% wegen der vielen Lichter an unserem Haus.

Nach ca. 2 Monaten hatte ich überhaupt keine Schwierigkeiten mehr mit der Sprache, und ich konnte mich fließend unterhalten und verstand alles. Am Schluß meines Aufenthaltes fiel es mir sehr schwer, meine Gastfamilie und Amerika zu verlassen, obwohl ich mich auch wieder auf meine eigene Familie und meine Freunde freute. Es flossen viele Tränen, und ich schwor mir, auf alle Fälle in 2 Jahren wieder in die USA zu fahren. Auch meine Gastfamilie wird mich nächstes Jahr in Deutschland besuchen. Darauf freue ich mich schon. Ich habe viel gesehen und viel gelernt während meines Aufenthaltes in den USA.

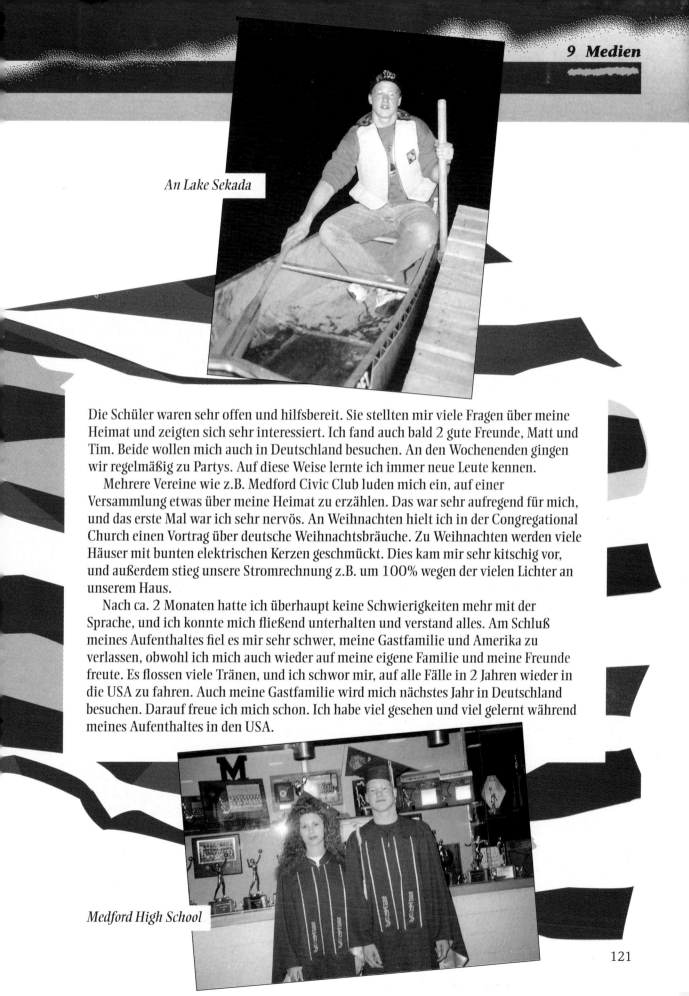

Medford High School

B In den Nachrichten

a

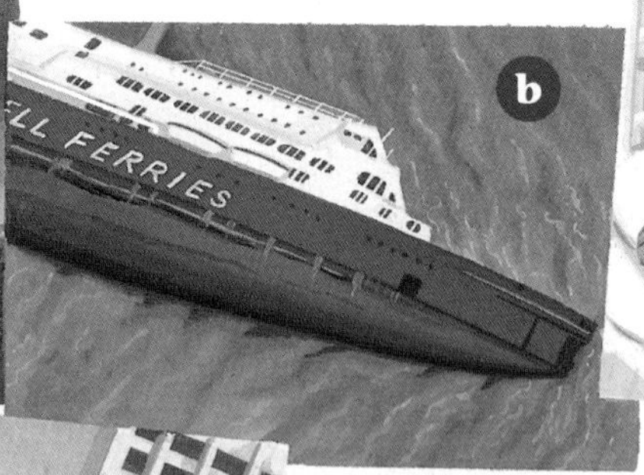

b

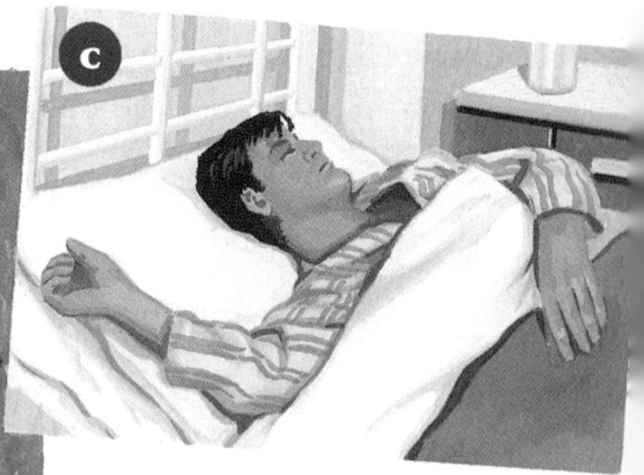
c

d

e

f

g

h

1 **Erdbeben: Japan gräbt die Toten aus**

Hunderte werden noch vermißt. Wohnblocks und Kaufhäuser völlig zerstört.

2 **Verkehrsunfall auf der Autobahn**

Bei dichtem Nebel rasten sie wie die Verrückten! Dre PKW und ein Lastwagen zusammengestoßen. Elf Tote

3 **Massendemonstration in der Ukraine**

Die Situation ist sehr ernst. Soldaten schossen über die Köpfe der Menge hinweg in die Luft

4 **Naturheilmittel vom Markt genommen**

Mehr als fünfzig Personen leiden unter schweren Bauchschmerzen

5 **Hochwasser in Asien**

Tausende ertrunken und Städte zerstört. Viele Tiere ertrunken, Überlebende brauchen dringend Zelte, frisches Wasser und Nahrungsmittel.

6 **Feuer in einem Hochhaus in Frankfur**

Eine ganze Familie ist ums Leben gekommen.

7 *Prinz Herbert von Schauinsland läßt sich von seiner Prinzessin scheiden. Der 80-jährige Prinz ist neulich mit einem 18jährigen Modell in Monaco gesehen worden.*

8 **Fähre mit 300 Passagieren an Bord in Indonesien gesunken**

Nur dreißig gerettet, darunter ein deutsches Ehepaar auf einer Weltreise.

1a Zu zweit. Welches Bild gehört zu welchem Text? Lest die Texte abwechselnd vor.

1b Du machst ein Betriebspraktikum im Auskunftsbüro.
Du mußt die Nachrichten ins Englische übersetzen.

2a Der Wetterbericht
Wie ist das Wetter in Norddeutschland/Süddeutschland/den Alpen?
Wie war das Wetter gestern?

z.B. Heute. Im Norden, Regen …

Das Wetter

Ein Tief wandert von den Britischen Inseln nach Deutschland und bringt kaltes Wetter, Wind und Regen mit.

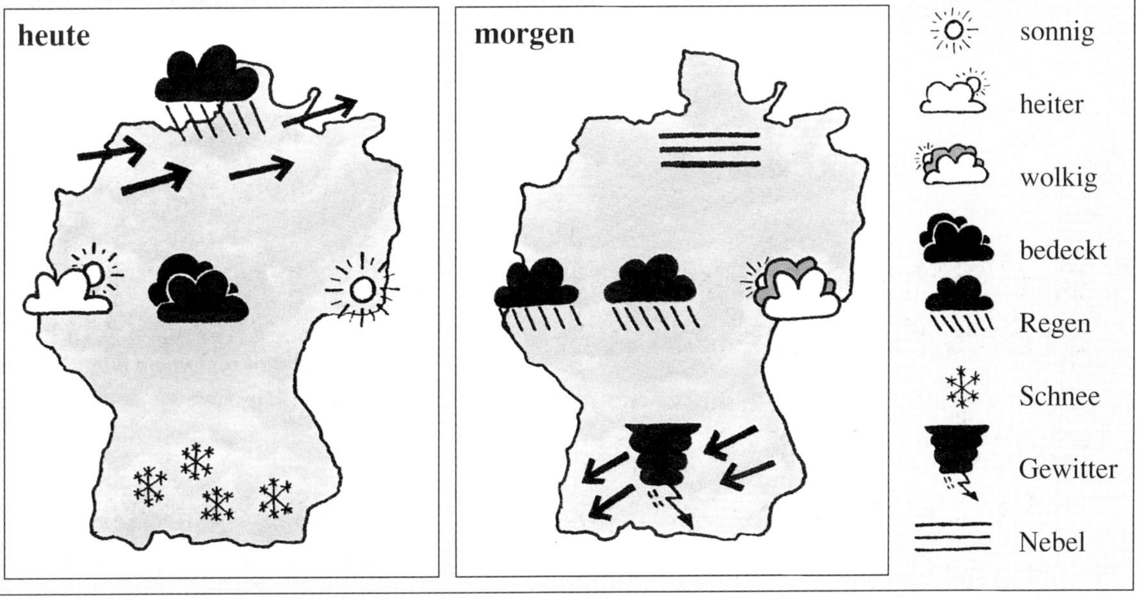

2b Übersetze den Bericht für die Alpen ins Englische.

Ringstraße um Dreitannenstadt geplant!

1 Die Stadtmitte wird zu einer Fußgängerzone. Das finde ich gut, weil es dann nicht mehr so schmutzig in der Stadt ist.

2 Es wird weniger Autoabgase geben, und die Luft wird sauberer. Das ist gut für Leute, die wie ich unter Asthma leiden.

3 Wir brauchen eine Ringstraße, damit die großen Lastwagen nicht mehr durch die Stadt fahren müssen. Es wird weniger Staus geben.

4 Die Straßen und Geschäfte werden sicherer für unsere Kinder und können schöner geschmückt werden.

5 Bei schönem Wetter wird man draußen vor den Cafés sitzen können.

6 Die Landschaft wird durch den Bau der Straße zerstört.

7 Man muß mehr Parkplätze und Parkhäuser bauen, und die werden weit von den Geschäften entfernt sein.

8 Die Leute werden in Großmärkte fahren und nicht mehr in der Stadt einkaufen.

9 Eine Ringstraße kostet eine Menge Geld. Man könnte mit dem Geld ein neues Freibad bauen.

10 Eine Ringstraße bringt sehr viel Schmutz und Lärm mit sich.

11 Einige Privathäuser müssen abgerissen werden, um die Straße zu bauen.

3a Zu zweit. Welche Texte argumentieren für die Ringstraße und welche dagegen?

3b Hör zu! Was meinen sie? Sind sie dafür oder dagegen? (6)

Herr Brinkmann	Herr Schwung	Frau Karl
Silke Henning	Frau Boose	Herr Deckel

3c Was meinst du? Schreib einen Brief an die Zeitung.

Sehr geehrter Herr!

Ich war entsetzt/zufrieden zu lesen, daß man eine Ringstraße baut.

Ich finde es eine Schande/gut, daß ...

Wir brauchen eine Ringstraße, damit ...
Wir brauchen keine Ringstraße, weil ...

Hochachtungsvoll

....

3d Was meinst du?
Gibt es dort, wo du wohnst, eine Ringstraße?
Wenn ja: Wie findest du die Ringstraße, gut oder schlecht?
Wenn nein: Braucht die Stadt eine Ringstraße? Warum?/Warum nicht?

Ich finde die Ringstraße ... , Die Stadt braucht (k)eine Ringstraße,	
weil es so	viel Verkehr gibt gefährlich/schmutzig ist

Verb: lesen = *to read*

Präsens

ich lese	wir lesen
du liest	ihr lest
er liest	sie lesen
sie liest	Sie lesen

Futur: ich werde lesen
Perfekt: ich habe gelesen
Präteritum: ich las

Fragen: Liest du? Lesen Sie? Hast du das Buch gelesen?

der/die Leser(in) = *reader*

Lesefutter 9

Ysgol Uwchradel Llandrindod
Llandrindod Comprehensive School

Bayerischer Austausch

Thema des Austauschprogramms: Forschungen zu den Kelten in Bayern und Wales und ihren Verbindungen untereinander.

Aktivitätsprogramm:

Donnerstag	16.30	Ankunft Gymnasium Zwiesel
Freitag	8.30	Begrüßung in der Schule und Musikprobe
	13.00	Ausflug nach Ringelei - Forschungsarbeiten
Samstag/Sonntag bei Familien		
Montag	8.00	Musikprobe
	13.00	Ballonrundflug
Dienstag	7.30	Ausflug nach Prag, der Hauptstadt der Tschechischen Republik
Mittwoch	7.45	Wanderung - den alten keltischen Weg entlang
Donnerstag	8.00	Ausflug nach Passau
	20.00	Konzert in der Aula
Freitag	8.00	In der Schule oder Einkaufsbummel
	19.00	Abschiedsfeier
Samstag	9.00	Abfahrt

Über welchen Tag wird hier berichtet?

A

Heute bin ich mit meiner Gastgeberin in die Stadt gegangen, um Geschenke für meine Familie und Freunde zu kaufen. Wir mußten auch viele Würste und Schaschliks zum Grillen kaufen.

B

Wir sind um achtzehn Uhr mit dem Reisebus von Llandrindod nach Dover abgefahren. Nach der Überfahrt fuhren wir dann durch Frankreich und Belgien nach Süddeutschland. Die Fahrt dauerte etwa 23 Stunden, und wir waren alle sehr müde, als wir in Zwiesel ankamen.

C

Am Vormittag hatten wir eine Musikprobe in der Schule, und am Nachmittag um ein Uhr sind wir dann mit dem Bus zu einem großen Feld außerhalb des Dorfes gefahren, wo wir in zwei Ballons eingestiegen sind. Von oben konnten wir die ganze Gegend sehen, und ich habe viele Fotos gemacht. Es hat echt viel Spaß gemacht.

D

Bis zur Grenze brauchten wir nur eine halbe Stunde, aber dann mußten wir lange warten, weil der Busfahrer viele Formulare ausfüllen mußte und ein Mädchen ihren Ausweis vergessen hatte. Wir sind endlich um Mittag angekommen und haben dann eine Stadtführung gemacht.

E

Ungefähr zwanzig Schüler und Lehrer haben eine Wanderung durch den Bayerischen Wald gemacht. Unterwegs haben wir keltische Überreste besichtigt und fotografiert. Leider war das Wetter schrecklich, und wegen des Regens sind die Fotos nicht gelungen.

C Recycling

BEI FAST-FOOD-RESTAURANTS

Heute gibt es eine bundesweit gesicherte Recyclingquote für unsere Restaurants von mindestens 33 Prozent.

In der Schule

ALU-RECYCLING

Wieviel Aluminium können Sie im Haushalt sammeln?

- Folien: Joghurt- u. Quarkdeckel, Frischhalte- u. Schokoladenfolie …
- Dosen: Alu-Getränkedosen, viele Fisch- u. Wurstdosen, Cremedosen…
- Tuben: Zahnpasta, Senf, Salben…
- Geschirr: Essenschalen, Tiefkühlkost, Back- u. Bratformen (reinigen)…
- Sonstiges: Fahrradteile, Spraydosen aus Alu, Verschlüsse v. Einwegflaschen …

Wußten Sie, wie einfach man Aluminium unterscheiden kann?

- Magnetprobe: Alu haftet nicht am Magneten.
- Reißtest: Aluminiumfolie reißt leicht ein.
- Knüllprobe: Aluminiumfolie bleibt zerknüllt.

Zu Hause

Biotonne

Bitte vermeiden Sie Fehleinwürfe!

Ja	Nein
Eierschalen	Glas
Kaffeesatz/ Teebeutel	Hochglanz-illustrierte
Obst- und Gemüsereste	Kunststoff
Laub	Metall
Brotreste	Bauschutt
Baum- und Strauchschnitt	Sonder-abfälle
Schnittblumen-reste	

Plastikmüll gegen Lärm

Joghurtbecher, Spülmittelflaschen usw. werden zu Lärmschutzwänden, Kompostsilos, Gartenbänken und Sandkästen verarbeitet.

die Lärmschutzwand = *sound insulating wall*

1a Was wird recycelt? Mach eine Liste.

1b Zu zweit. Was recycelt ihr?

2 Quiz

Wie grün ist dein Zuhause?	ja (10 Punkte)	ein bißchen/ manchmal (5)	nein (0)
Das Haus			
1 Hat das Haus Isolierverglasung?			
2 Gibt es Thermostate an den Heizkörpern?			
3 Wenn Sie als Letzte(r) das Zimmer verlassen, machen Sie das Licht immer aus?			
4 Nehmen Sie lieber eine Dusche als ein Bad?			
5 Benutzen Sie Sprühdosen ohne FCKW?			
6 Benutzen Sie Toilettenpapier aus Altpapier?			
Das Auto			
7 Lassen Sie das Auto zu Hause, wenn Sie mit dem Bus fahren können?			
8 Fährt Ihr Auto bleifrei?			
Müll			
9 Sammeln Sie Ihr Altpapier getrennt?			
10 Bringen Sie Flaschen und Altglas zu den Sammelbehältern?			
11 Bringen Sie Sondermüll (z.B. Batterien) zur Sammelstelle oder zum Geschäft zurück?			
12 Haben Sie einen Komposthaufen?			
Einkaufen			
13 Vermeiden Sie wenn möglich Einweg-Verpackungen?			
14 Benutzen Sie Leinentaschen statt Plastiktüten?			
15 Verkaufen Sie Ihre Kleider auf dem Flohmarkt?			
16 Versuchen Sie, bei ihren Einkäufen Produkte mit dem Umweltzeichen „der grüne Punkt" zu finden, auch wenn sie teuerer sind?			

Hier sehen Sie, wie grün Sie sind:

Sie haben	121–160 Punkte:	Umweltschützer. Sie sind dunkelgrün.
	81–120 Punkte:	Ziemlich grün. Sie könnten aber noch mehr für die Umwelt tun!
	41–80 Punkte:	Nur hellgrün! Sie könnten bestimmt mehr tun!
	0–40 Punkte:	Schämen Sie sich! Ein hoffnungsloser Fall!

Modalverben

man darf = *you are allowed to/may*
man muß = *you have to*
man soll = *you are to*
man kann = *you can/are able to*

man darf nicht = *you are not allowed to*
es ist verboten = *it is forbidden*
es ist untersagt = *it is not allowed*
(Radfahren) ist nicht erlaubt = *is not allowed*

Reisen und Tourismus

A Die Ferien

1a Rollenspiel. Interviewt euch gegenseitig.

Fährst du dieses Jahr in Urlaub?

Ja. | Nein. Ich bleibe zu Hause.

Mit wem fährst du?

Mit meiner Familie. | Mit Freunden.

Findest du das gut, oder würdest du lieber mit Freunden fahren? | Fährst du lieber mit Freunden als mit deiner Familie?

Ja, lieber mit Freunden, aber mein Vater bezahlt, und ich habe kein Geld. | Ja, es macht mehr Spaß, und man darf länger ausbleiben!

Wann fährst du?

Wir fahren/gehen am 15 Juli / 25 Juli / 3 Aug / 10 Aug / 5 Okt / 22 Dez

Wie lange bleibst du?

Eine Woche/Zwei Wochen/Ein paar Tage/Ein Wochenende/Zehn Tage

Wie fährst du?

Wir fahren ...

Wohin fährst du?

Wo werdet ihr übernachten?

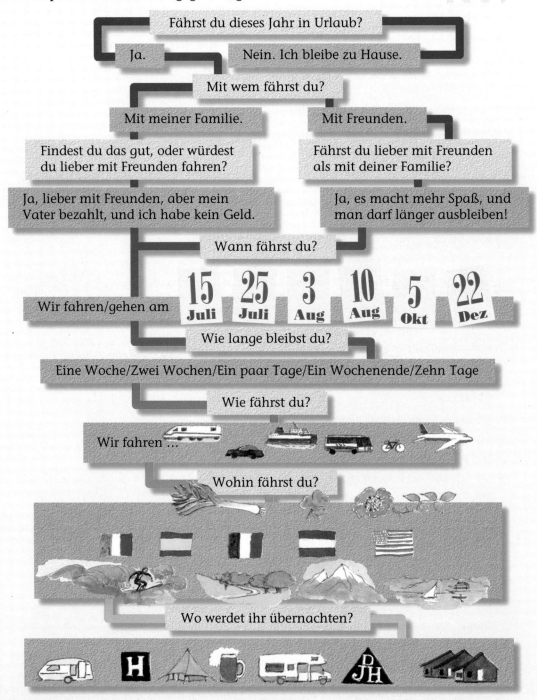

10 **1b** Hör zu! Wo haben sie ihre Ferien verbracht? (1–5)
Wohin sind sie gefahren? Wie sind sie gefahren? Wo haben sie übernachtet?
Was haben sie gemacht? Wie hat es ihnen gefallen?

2a Letztes Jahr. Interviewt euch gegenseitig.

Wo hast du letztes Jahr die Ferien verbracht?

Wir waren …

....?

Wir sind geflogen.

....?

Mit meiner Familie.

....?

Sehr heiß und schön, aber es hat auch mal geregnet.

....?

Ich bin geschwommen, habe gefaulenzt und habe Wanderungen gemacht.

....?

Wir haben das Schloß und den Fernsehturm besichtigt.

....?

Ja, richtig Spaß.

… dieses Jahr?

Wir fahren noch mal hin.

2b Schreib einen Brief an Sonja und erzähl ihr über eure Ferien.

Liebe Sonja,

letztes Jahr sind wir nach … gefahren.

Das Wetter war …

Wir haben in … gewohnt.

Ich habe … gespielt, ich bin … , und ich habe viele nette Freunde kennengelernt. Es hat richtig Spaß gemacht.

Dieses Jahr fahren/gehen/fliegen/bleiben wir …

Dein(e)

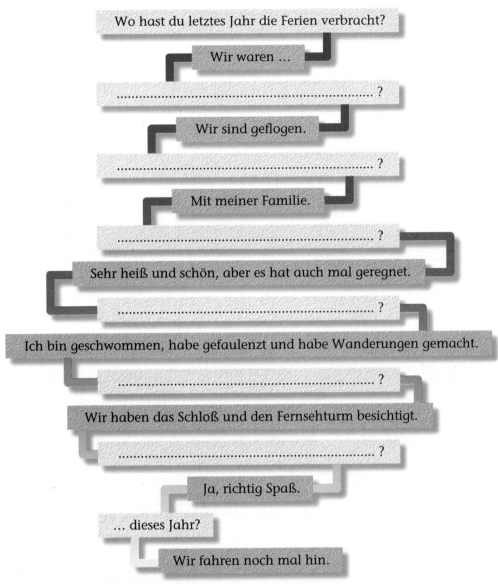

3a Rollenspiel. Wir fahren mit dem Zug.

Abfahrt der Züge

Zeit	Zug-Nr.	In Richtung	Gleis
11.55	*E* 3576	Kassel Hbf 12.43	**8**
12.05	*E* 3577	Fulda 12.42 – weiter als *E* 3819 nach Frankfurt (M) an 14.34	**2**
12.08	8559	Eisenach 13.17	**10**
12.49 1	*IC* 2074	Hamburg Hbf 16.11	**8**
12.53	2457	Chemnitz 17.59	**9**
12.53 1	*IC* 56	*Heinrich Heine* Paris Est 20.59	**2**
12.58	*E* 3774	Göttingen 13.58	**5**
13.12 1	*IC* 651	*Andreas Schubert* Dresden Hbf 17.54	**9**

E = Eilzug
IC = InterCity
IC mit Zuschlag

Wann fährt der nächste Zug nach (Hamburg)?
Um ... Uhr.
Wo fährt er ab?
Von Gleis ...
Wann kommt der Zug in (Hamburg) an?
Um ... Uhr.
Muß ich umsteigen?
Nein. / Ja, in (Fulda).
Muß ich Zuschlag bezahlen?
Nein. / Ja, Sie müssen einen Zuschlag von (10 DM) bezahlen.
Einmal/Zweimal/Zweieinhalb ... einfach/hin und zurück.

Fahrplan **Ankunft** **Auskunft** **Abfahrt**

3b Hör zu! Wann fährt der Zug? Wohin? Von welchem Gleis? (1–6)

3c Schilder am Bahnhof und am Flughafen.

Gepäckaufbewahrung **Entwerter** **Herren** **Damen** **Bahnsteig** **Eingang** **Ausgang** **Wartesaal** **kein Trinkwasser** **Fahrkartenautomat** **Geldwechsel** **Schließfächer**

4a Rollenspiel. Wir fahren mit dem Auto

An der Tankstelle

Volltanken, bitte.

Zwanzig Liter Bleifrei, bitte.

Diesel zu fünfzig Mark, bitte.

Sonst noch einen Wunsch?

Würden Sie bitte das Öl/den Reifendruck prüfen?

Haben Sie Wasser für die Scheibenwaschanlage?

Wo ist die Kasse?

Wo sind die Toiletten?

Notruf

Ich habe eine Panne gehabt.

Wo stehen Sie?

Auf der Autobahn (A1) Richtung (Bremen).

Welche Automarke haben Sie?

(Ford).

Kennzeichen?

(ABC 456)

Sind Sie Mitglied eines Automobilclubs?

Nein.

Ja, ich bin im englischen AA/RAC.

Ich habe eine Reifenpanne.
Die Bremsen rauchen.
Die Windschutzscheibe ist kaputt.
Der Motor springt nicht an.
Das Auto verliert Wasser.
Das Benzin ist alle.

4b Was kann man hier machen?

z.B. Man kann Informationen bekommen

Gendarmerie = *police in country areas of Austria and Switzerland*
Proviant – Lebensmittel für die Reise

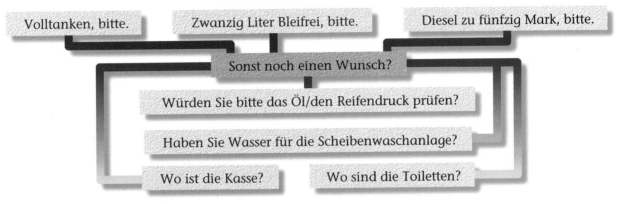

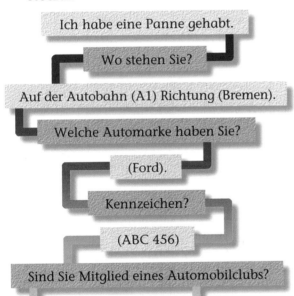

Ich arbeite in einem Hotel

HOTEL AM PARK
MÖNCHENGLADBACH

Das Hotel hat 100 Zimmer und 142 Betten. Die Gäste kommen aus der ganzen Welt, aus Japan, Großbritannien, Amerika, Indien, China usw.

Das Personal

Herr Holz

Ich bin Hotelfachmann. Ich wollte Koch werden, aber das hat mir nicht so gut gefallen. Die Arbeit, die ich jetzt mache, ist vielseitiger, und der Job macht mehr Spaß. Ich mache alles: Rezeption, Bar, Service, Küche, Zimmer saubermachen. Ich werde später Manager werden.

Die Empfangsleiterin – Frau Lebück-Straub

Ich mache die Reservierungen, die Rechnungen, die Buchhaltung usw. Manchmal arbeite ich von sieben bis drei Uhr, und manchmal mache ich Spätdienst von drei Uhr bis einundzwanzig Uhr.

Hausdame – Frau Howlings

Ich bin für das Saubermachen im Hotel verantwortlich. Die Arbeit macht mir Spaß. Wir sind wie eine große Familie, und es gibt wenig Streß.

Assistent der Empfangsleiterin – Herr Bongartz

Die Arbeit macht mir großen Spaß, weil sie so vielseitig ist. Man hat Kontakt zu Leuten. Man muß nicht den ganzen Tag in einem Büro sitzen. Hier ist immer was los!

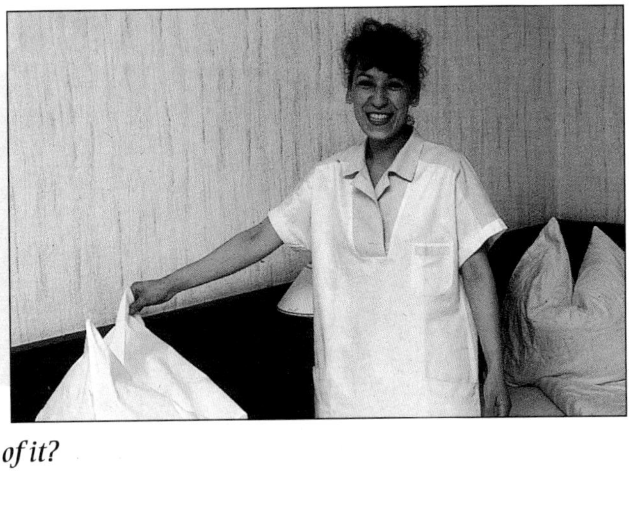

Assistentin der Hausdame – Frau Ellaboussi

Ich arbeite schon seit sechs Jahren hier. Wir haben vier Zimmermädchen, die mir helfen. Wir müssen die 100 Zimmer jeden Tag saubermachen und die Betten beziehen. Ich finde die Gäste meistens sehr nett, aber einige sind unfreundlich.

A *What is Herr Holz's job and what does he think of it?*
What hours does Frau Lebück-Straub work?
What does Frau Howlings say about her job?
What is Herr Bongartz' job and what does he think of it?

B Würdest du gern in einem Hotel arbeiten? Warum bzw. warum nicht?

B Unterkunft

1a Rollenspiel. Auf dem Campingplatz

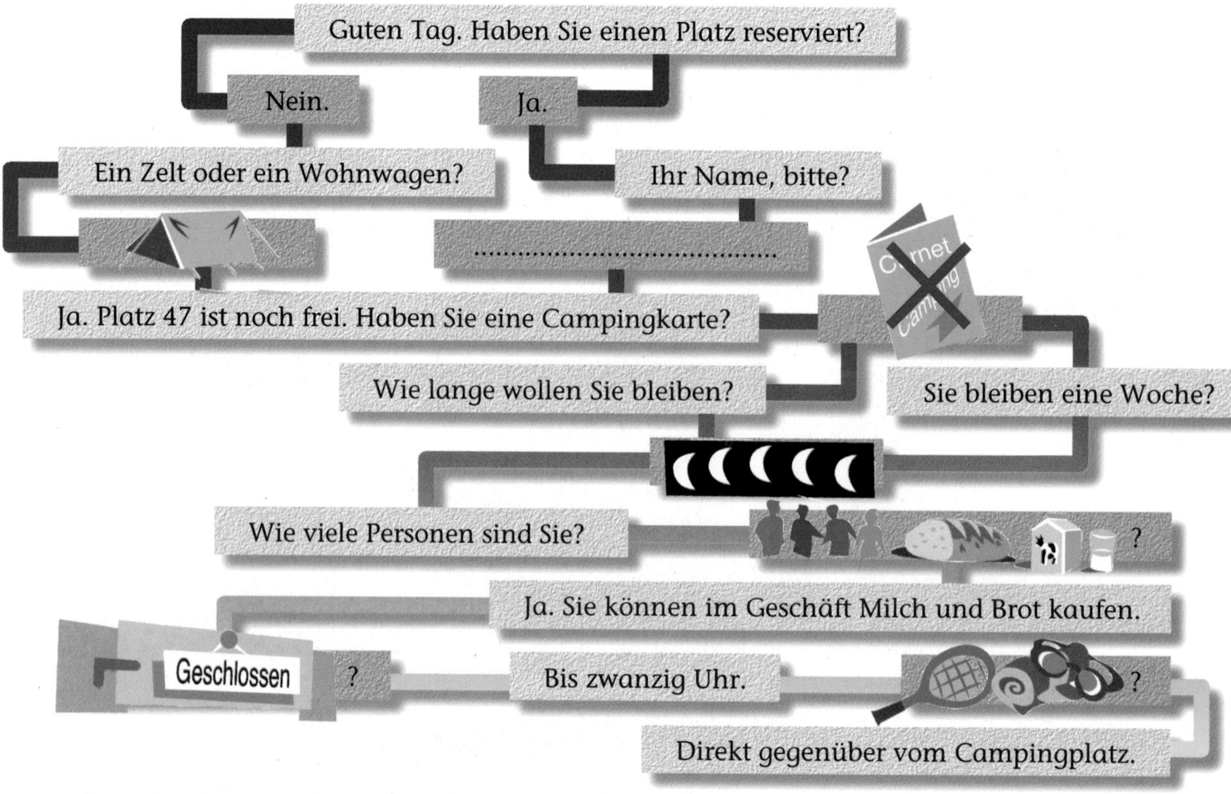

Guten Tag. Haben Sie einen Platz reserviert?
Nein.
Ja.
Ein Zelt oder ein Wohnwagen?
Ihr Name, bitte?
....
Ja. Platz 47 ist noch frei. Haben Sie eine Campingkarte?
Carnet Camping
Wie lange wollen Sie bleiben?
Sie bleiben eine Woche?
Wie viele Personen sind Sie?
?
Ja. Sie können im Geschäft Milch und Brot kaufen.
Geschlossen
?
Bis zwanzig Uhr.
?
Direkt gegenüber vom Campingplatz.

1b Schreib einen Brief an einen Campingplatz, um einen Platz zu reservieren.

Newquay, den 16. Mai

Sehr geehrte Damen und Herren,

ich möchte einen Platz für einen Wohnwagen und ein Zelt für den Zeitraum vom 12. bis 26. Juli reservieren. Bitte teilen Sie mir auch mit, was für Sportmöglichkeiten es in der Nähe gibt und ob es auf dem Campingplatz ein Freibad gibt. Gibt es ein Restaurant in der Nähe?

Mit freundlichen Grüßen

Mary Stewart

2a Rollenspiel. Im Hotel oder Gasthaus

Guten Tag. Haben Sie ein Zimmer frei?

Einzelzimmer oder Doppelzimmer?

Nein, es tut mir leid.

Können Sie uns ein anderes Hotel empfehlen?

Mit Bad oder Dusche?

Am besten rufen Sie beim Verkehrsamt an.

Wieviel kostet das pro Person und Nacht?

75 DM mit Frühstück.

Haben Sie etwas Billigeres?

Ja, im Erdgeschoß, mit WC und Dusche. 55 DM. Auch inklusive Frühstück.

Ich nehme ein Zimmer mit Bad.

Wie lange wollen Sie bleiben? 

Hier ist der Schlüssel. Zimmer Nummer 38, im dritten Stock.

Um wieviel Uhr gibt es Frühstück?

Ab  bis  Uhr.

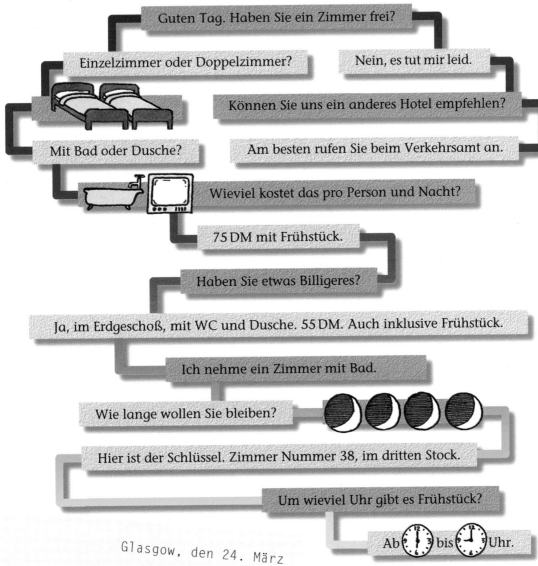

Glasgow, den 24. März

Sehr geehrter Herr Glinck,

ich möchte ein Doppelzimmer mit Bad und ein Einzelzimmer mit Dusche für den Zeitraum vom 3. bis 10. Juni reservieren.

Bitte schicken Sie mir eine Preisliste und eine Broschüre über das Hotel sowie eine Liste der Ausflugsmöglichkeiten. Bieten Sie Voll- und Halbpension an? Gibt es im Hotel ein Hallenbad und einen Fitneßraum?

Mit freundlichen Grüßen

2b Schreib einen Brief!

Please book two double rooms and a three-bed room at the Gasthaus Zum Löwen for me. We want rooms with bath or shower, from 5 to 12 Jan., half board. The proprietor is a Frau Schulz. Check if there is a pool, how far it is to the nearest ski lift and what the forecast is. Are they expecting snow? Find out the price and what is the best way to get there from the station.

Hamburg

Hamburg liegt in Norddeutschland an der Elbe.

Der Hamburger Hafen gehört zu den größten und wichtigsten der Welt. 60 Hafenbecken bieten rund 500 Liegeplätze für See- und Binnenschiffe. Der Hafen ist 67mal so groß wie das Fürstentum Monaco! Er liegt 140 km von der offenen See entfernt. In den letzten Jahren hat er sich auch zu einem wichtigen Container-Hafen entwickelt. Die Hamburger nennen ihre Stadt „Deutschlands Tor zur Welt".

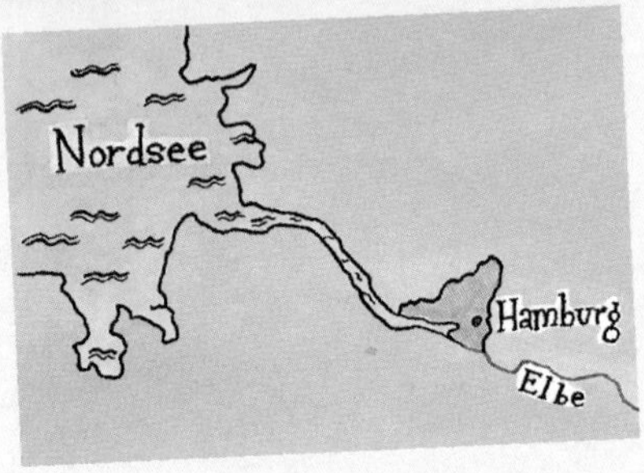

Hamburg ist alles: Hafen, Einkaufen, Freizeit, Kultur, Vergnügungsviertel und vieles mehr … . Das Zentrum des Hamburger Hafens ist der Freihafen, wo die Waren in einer zollfreien Zone gelagert, bearbeitet und weiter transportiert werden können. Das Herz des Freihafens ist die Speicherstadt, der größte Lagerhauskomplex der Welt. Hier lagern vornehmlich Kaffee, Tee, Kakao, Parfüm, Seide, Gewürze, orientalische Teppiche, Kameras usw. Der Tee und Kaffee, den ihr trinkt, ist wahrscheinlich über Hamburg transportiert worden und in der Speicherstadt gemischt worden.

Sehenswürdigkeiten

- **Das Rathaus.** 1897 im Renaissancestil gebaut. Das Gebäude steht auf 4000 Pfählen.
- **Die St.-Pauli-Landungsbrücken.** Hier beginnen die Hafenrundfahrten.
- **Der Michel.** Die Hauptkirche St.-Michaelis ist mit ihrem 132 m hohen Turm das Wahrzeichen der Stadt.
- **Die Alster.** Die Alster ist ein Fluß, der im Jahre 1250 zu einem See aufgestaut wurde. Sie ist zwei Meter tief und 3 km lang. Die Gegend um die Alster mit ihren Fuß- und Fahrradwegen und mehreren Ruder- und Segelvereinen ist ein beliebtes Erholungsgebiet.
- **Die Alsterarkaden.** In der Innenstadt gelegen, eine klassische Einkaufsmeile mit prächtigen Einkaufspassagen.
- **Die Reeperbahn.** Hamburgs berühmteste Straße, in St.-Pauli, dem Vergnügungsviertel mit vielen Bars, Spielbanken, Nightclubs, Tanzlokalen, Kneipen, Shows und Restaurants.
- **Der Fernsehturm.** In Planten un Blomen. Von hier aus hat man eine schöne Aussicht über Hamburg.
- **Planten un Blomen.** Ein Park mit Gewächshäusern, farbigen Wasserfontänen und japanischem Garten im Stadtzentrum.

Ausflüge

DIE HAMBURGER HUMMELBAHN

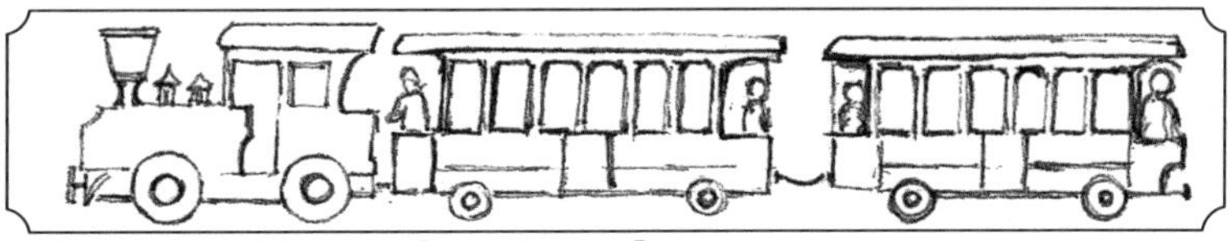

zeigt Ihnen Hamburg auf besonders nette Art

★**STADTRUNDFAHRTEN**

Täglich 10/12/14/16 Uhr	Erwachsene DM 14,-
Dauer 1½ Stunden	Kinder bis 12 Jahre DM 7,-

★**KOMBINIERTE STADT- UND HAFENRUNDFAHRT**

Täglich 10/12/14/16 Uhr	Erwachsene DM 22,-
Dauer 2½ Stunden	Kinder bis 12 Jahre DM 11,-

★**DIE GROSSE HAMBURGER LICHTERFAHRT**

Täglich vom 6. Mai – 31. Aug.	Erwachsene DM 44,-
20–23 Uhr	Jugendliche bis 16 Jahre DM 14,-

- **Hafenrundfahrt.** Dauer etwa 2 Stunden.
- **Rundfahrt durch die Speicherstadt in Barkassen.**
- **Schiffsfahrt auf der Alster.** Dauer etwa 50 Minuten.
- **Hagenbecks Tierpark.** Ein Privatzoo. Alle Tiere leben in großzügigen Freigehegen.
- **Vierländer Freilichtmuseum.** Vierländer Bauernhaus mit alter Scheune und Bockwindmühle.

3a Du verbringst eine Woche in Hamburg. Was möchtest du machen und besichtigen?

Ich möchte ...

3b Hör zu! Was würdest du den Touristen empfehlen?

z.B. Sie könnten einen Ausflug ... machen.

3c Du hast eine Woche in Hamburg verbracht. Was hast du alles gesehen und gemacht? Schreib einen Bericht (auf deutsch) für die Schülerzeitung.

4 Jürgen verbringt eine Woche in London. Was muß er unbedingt sehen? Welche Ausflüge könnte er machen?

Lesefutter 10

Schon um 6 Uhr abends kam Susanne bei Katja angerauscht. Gemeinsam stellten sie Katjas Kleiderschrank auf den Kopf. Zum Schluß steckte Susanne Katja in ein schwarzes Minikleid und schminkte sie. Mit dem Ergebnis waren beide sehr zufrieden, und sie zogen los.

Brunos Party ist schon voll im Gange, als Katja und Susanne auftauchen. Bruno sieht die zwei sofort und spurtet los, um sie zu begrüßen. Doch Bruno ist nicht der Einzige, der Katja und Susanne gesichtet hat.

T: Hey Christian, guck mal, da sind die zwei!

C: Echt? Wo?

T: Na da, an der Tür mit Bruno.

C: Mensch, Susanne sieht ja geil aus!

T: Oh je, ich glaube, ich traue mich doch nicht, Katja anzusprechen. Guck dir nur diese Beine an, und das Kleid ist ja wohl auch die Verführung pur. Was soll so eine tolle Frau schon von mir wollen?

C: Du gehst da jetzt hin. Du hast es mir versprochen.

Während Christian auf Thomas einredet, haben sich Susanne und Katja schon in eine taktisch günstige Ecke verzogen.

K: Mensch, Susi, was soll ich nur sagen?

S: Frag ihn, ob er mal mit dir tanzt.

K: Und wenn er nein sagt?

S: Wieso sollte er? Du siehst klasse aus, hast Charme und Köpfchen.

K: Lügen kannst du. Genial!

S: Nee, ich meine es ernst. Los jetzt.

K: Kommst du mit?

S: Was soll ich denn dabei? Händchen halten?

K: Bitte!

S: Na gut. Los jetzt.

Katja und Susanne stehen auf und gehen Richtung Thomas and Christian. Da auf der Tanzfläche einiges los ist, checken sie nicht, daß Thomas und Christian ebenfalls begonnen haben, sich durch das Gewühl einen Weg zu bahnen. Plötzlich stehen Katja und Thomas voreinander. Sie gucken sich total erschrocken an. Dann beginnen beide auf einmal zu sprechen: „Würdest du … ?“ Sie sehen sich an. Katja erholt sich als erste.

K: Du zuerst.

T: Würdest du mal mit mir tanzen?

K: [grinst breit] Dasselbe wollte ich auch fragen.

Katja und Thomas verschwinden auf die Tanzfläche. Susanne grinst breit, dreht sich um und will sich aufs kalte Büffet stürzen. Da legt ihr jemand die Hand auf die Schulter.

C: Würdest du mal mit mir tanzen?

S: Hat Thomas dir gesagt, daß du mich beschäftigen sollst?

C: Quatsch. Ich möchte mit dir tanzen. Bitte.

S: O.K.

Katja und Thomas sind den ganzen Abend unzertrennlich. Susanne und Christian sind keine Bohne besser. Als sich die vier dann nachts voneinander verabschieden, ist das nächste bzw. erste Date ausgemacht, und die Telefonnummern sind ausgetauscht.

Wie geht die Geschichte weiter?
Bleiben beide Paare zusammen oder nicht?

C Ferienfotos

Auf dem Bild hier siehst du meine Freunde Dieter, Jens und Nina.

Phantasiespiel: Hier sind deine Ferienfotos.

a Schreib einen Brief an Jörg und berichte ihm von den Ferien mit Dieter, Nina und Jens.

b Schreib eine Postkarte an Susanne.

c Schreib ein Tagebuch.
Du hast eine Woche auf dem Campingplatz verbracht.
Was hast du jeden Tag gemacht?
Wie bist du mit den anderen ausgekommen?
Wer hat gekocht? Wer hat geschnarcht?? usw.

Grammatik

Inhalt

1 Nouns (Nomen)

A noun names a person, thing or abstract idea, e.g. 'farmer', 'milk', 'goodness'.

1.1 In German all nouns are written with a capital letter:

der Junge   die Schule   das Wetter

1.2 They are all either masculine, feminine or neuter:

Maskulinum der Tisch – the table
Femininum die Tür – the door
Neutrum das Bett – the bed

1.3 Nouns made up of more than one word always take the gender of the last word:

e.g. der Wagen – the car
der Lastwagen – the lorry

► Der, die or das?

a Krankenwagen
b Rathaus
c Lederjacke
d Supermarkt
e Badezimmer
f Badeanzug
g Sporttasche
h Informationsbüro
i Trinkwasser

1.4 The plural form (die Pluralform)

In vocabularies and dictionaries the plural form is usually indicated in brackets:

der Tisch(e)   die Tür(en)   das Haus(¨er)

To form the plural, add the ending shown in brackets. If there is an Umlaut put it on an a, o or u (on the first vowel where there is a pair):

die Tische   die Türen   die Häuser

► What is the plural form of these words?

a das Buch(¨er)
b der Hund(e)
c die Tasche(n)
d das Kind(er)
e die Katze(n)
f das Auto(s)
g der Bruder(¨)
h der Wagen(-)
i die Stadt(¨e)
j der Freund(e)
k die Freundin(nen)
l der Pulli(s)

2 Cases (die Fälle)

German has four cases: nominative (Nominativ – Nom.), accusative (Akkusativ – Akk.), genitive (Genitiv – Gen.) and dative (Dativ – Dat.). The words for 'the, 'a', 'my' etc. change according to what case the word is in, and so do the endings of adjectives. The two cases most often used are the nominative and accusative.

2.1 The nominative case is used for:

a the subject of the sentence, i.e. the person or thing doing the action:

e.g. **Meine Schwester** spielt Tennis und Handball.
Der Hund jagt die Katze.

b nouns acting as complements to the verbs sein (to be), bleiben (to stay/remain) and werden (to become):

e.g. Er ist **ein berühmter Schriftsteller**.
Ich bleibe **dein Freund**.
Er wird **ein großer Mann**.

2.2 The accusative case is used:

a for the direct object of a verb, i.e. the person or thing the action is being done to:

e.g. Ich warf **den Ball**.
Ich nehme **das Zimmer**.
Die Katze jagt **den Hund**.

b for a point in time or a period of time without a preposition:

e.g. **jeden Sonntag**
Ich bleibe **eine halbe Stunde**.

c after the phrase es gibt (there is/are):

e.g. Es gibt **einen Park** in der Stadt.

d after certain prepositions:

e.g. ein Geschenk für **meinen Vater**

For more on this point see **5** Prepositions.

2.3 The genitive case is used:

a to show possession (or belonging to) and usually corresponds to the English 'of'. In the genitive singular, most masculine and neuter nouns add -s if they have more than one syllable and -es if they have only one syllable:

e.g. das Haus **meines Vaters**
im Zentrum **der Stadt**

NB: The genitive is not used when talking about quantities:

e.g. eine Tasse Tee
ein Glas Wein
ein Pfund Äpfel

b with time phrases expressing indefinite rather than definite points in time:

e.g. eines Tages – one day

c after certain prepositions, e.g. während – during:

während des Tages – during the day
während der Nacht – during the night
außerhalb der Stadt – out of town
trotz des Wetters – despite the weather

For more on this point see **5** Prepositions.

2.4 The dative case is used:

a for the indirect object (the person or thing having the action done to him/her/it). You can usually check whether a word is an indirect object by adding 'for' or 'to' in English. In English it usually comes before the direct object:

Give the girl the book – Give the book (**direct object**) to the girl (**indirect object**).
He told me a story – He (**subject**) told a story (**direct object**) to me (**indirect object**).

b after some common prepositions:

e.g. mit dem Bus
zum Bahnhof (zu dem Bahnhof)
in der Schublade

For more on this point see **5** Prepositions.

In the dative plural, an -n is added to the noun if it does not already have one:

Wir gehen zu den Parkplätze**n**.

► Which are the indirect objects in the following sentences?

a I am buying my mother a present.
b Has he told his father where he went?
c They gave the policeman their names and addresses.
d The radio he sold me wouldn't work.
e She gave her friends the invitations to hand out.

► Are the words in bold in the following sentences in the accusative or dative case?

a Ich habe **einen jüngeren Bruder** und **eine ältere Schwester**.
b Ich wohne in **einem kleinen Haus**.
c Mein Vater bringt mich im Auto **zur Schule**.
d Hast du **meinen Pulli** gewaschen?
e Er hat **mein Buch** geklaut.

▶ Complete the following dialogue using the correct words from the list below.

- Ich habe meine Tasche ... Bus liegenlassen.
- Der Busfaher hat sie ... Sekretärin gegeben. Sie ist ... Sekretariat.
- Wo ist das Sekretariat?
- ... Erdgeschoß, auf ... linken Seite, neben ... Eingangstür.
- Und wo treffen wir uns nach ... Schule? An ... Haltestelle?
- Nein, lieber auf ... Schulhof, neben ... Getränkeautomat.
- Wo genau?
- Wenn du aus ... Eingangstür kommst, ist es auf ... rechten Seite.
- Gut, bis dann, tschüs!

Zur Auswahl: dem der im zur

3 Articles (die Artikel)

3.1 The definite article (Der bestimmte Artikel)

The definite article ('the') changes according to the case and gender of the noun with which it is used:

	Mask.	Fem.	Neutr.	Pl.
Nom.	der	die	das	die
Akk.	den	die	das	die
Gen.	des	der	des	der
Dat.	dem	der	dem	den

Other words which change in the same way as the definite article include:

dieser, diese, dieses – this
jeder, jede, jedes – each/every
jener, jene, jenes – that
mancher, manche, manches – some/many a
solcher, solche, solches – such
welcher, welche, welches – which

3.2 The indefinite article (Der unbestimmte Artikel)

The indefinite article ('a') also changes with the case and gender of the noun with which it is used:

	Mask.	Fem.	Neutr.
Nom.	ein	eine	ein
Akk.	einen	eine	ein
Gen.	eines	einer	eines
Dat.	einem	einer	einem

To say 'not a' (the negative article), you use the appropriate form of kein:

	Mask.	Fem.	Neutr.	Pl.
Nom.	kein	keine	kein	keine
Akk.	keinen	keine	kein	keine
Gen.	keines	keiner	keines	keiner
Dat.	keinem	keiner	keinem	keinen

3.3 Contractions (Abkürzungen)

When certain prepositions are immediately followed by the definite article they combine to form one word. The following are some of the most common in use:

am (an dem)	ins (in das)
ans (an das)	vom (von dem)
beim (bei dem)	zum (zu dem)
im (in dem)	zur (zu der)

▶ Complete the texts below by adding correct forms of the appropriate article (or abbreviated article).

a Jens ist Einzelkind. Er hat ... Geschwister. Er wohnt mit seinen Eltern in ... großen Mehrfamilienhaus mit ... großen Garten, gegenüber von ... Schule. Er hat ... Hund und ... Katze. Er geht zu Fuß ... Schule, aber in ... Stadt fährt er mit ... Straßenbahn oder mit ... Rad. Seine Eltern kaufen meistens ... Supermarkt ein, aber Brot kaufen sie ... Bäcker und Fleisch ... Metzger ... Dorf.

b Silke hat ... Bruder und ... Schwester. Sie wohnt in ... Wohnung in ... Stadtmitte. Sie hat ... Haustier, weil sie ... fünften Stock wohnt, und sie fährt mit ... Schulbus ... Schule. Nachmittags macht sie oft ... Stadtbummel oder trifft sich mit Freunden, dann gehen sie vielleicht zusammen ... Kino oder ... Hallenbad. ... Sommer arbeitet sie ... Wochenende ... Café auf ... Marktplatz.

4 Possessive adjectives (Possessivartikel)

Possessive adjectives ('my', 'your', 'his' etc.) include: mein – my; dein – your (singular familiar); sein – his; ihr – her; sein – its; unser – our; euer – your (plural familiar); ihr – their; Ihr – your (polite).

4.1 Possessive adjectives change according to the gender and number (singular or plural) of the noun they precede:

	Mask.	**Fem.**	**Neutr.**	**Pl.**
my	mein	meine	mein	meine
your	dein	deine	dein	deine
his	sein	seine	sein	seine
her	ihr	ihre	ihr	ihre
its	sein	seine	sein	seine
our	unser	unsere	unser	unsere
your	euer	eure	euer	eure
their	ihr	ihre	ihr	ihre
your (polite)	Ihr	Ihre	Ihr	Ihre

NB: euer drops its second e when it has an ending.

4.2 Possessive adjectives also change according to the case of the noun they precede. They follow the same pattern as **ein** (see **3.2**):

	Mask.	**Fem.**	**Neutr.**	**Pl.**
Nom.	mein	meine	mein	meine
Akk.	meinen	meine	mein	meine
Gen.	meines	meiner	meines	meiner
Dat.	meinem	meiner	meinem	meinen

e.g. Hast du **meinen Kuli** gesehen?
Du hast **deine Tasche** vergessen.
Er ist mit **seinem Vater** in die Stadt gefahren.
Unser Haus liegt außerhalb der Stadt.

► Complete the texts below by adding suitable forms of possessive adjectives.

a Silke hat einen Bruder und eine Schwester. ... Bruder heißt Torsten, und ... Schwester heißt Anke. ... Vater ist Ingenieur, und ... Mutter ist Krankenpflegerin. ... Wohnung ist im fünften Stock.

b Jens wohnt bei ... Eltern. ... Vater ist Bankangestellter, und ... Mutter arbeitet bei der Post. Sie findet ... Arbeit langweilig. ... Haus ist ziemlich groß. ... Hund heißt Waldi, und ... Katze heißt Tiger.

c Wir wohnen in Altdorf. ... Haus ist in einer Neubausiedlung. ... Garten ist groß. ... Zimmer ist im ersten Stock. In ... Zimmer habe ich ein großes Bett. ... Computer steht auf ... Tisch, an dem ich auch ... Hausaufgaben mache.

5 Prepositions (Präpositionen)

These are words which link two nouns or pronouns to show the relationship of one to the other, e.g. 'the bag is on/under/next to/behind the table'. German prepositions can be divided into those which 'take' (or are followed by) a noun/pronoun in:

1 the accusative
2 the dative
3 the accusative or the dative
4 the genitive

5.1 Prepositions with the accusative

bis – until/up to
durch – through
entlang – along (follows noun/pronoun)
für – for
gegen – against/towards
ohne – without
um – round

e.g. Er geht **durch den** Wald.
Sie fährt **ohne ihren Mantel** in die Stadt.
Ich kaufe ein Geschenk **für meinen Vater**.

Grammatik

5.2 Prepositions with the dative

aus	– out of/from
außer	– except/apart from
bei	– at
gegenüber	– opposite/facing (follows pronoun and often noun)
mit	– with
nach	– after
seit	– since
von	– from
zu	– to/towards/up to

e.g. Er fährt **mit dem Zug** nach London.
Sie geht **zur Schule**.

5.3 Prepositions with the accusative or dative

an	– at/on
auf	– on/on top of
hinter	– behind/at the back of
in	– in/into
neben	– near/next to/beside
über	– over/above
unter	– under/beneath
vor	– in front of/before
zwischen	– between/amongst

The **dative** is used when there is no idea of motion involved, i.e. to indicate a position:

e.g. Die Katze ist **auf dem Tisch**.
Der Mann sitzt **im Wohnzimmer**.
Das Kind spielt **hinter dem Auto**.

However, the **accusative** is used whenever there is motion involved, i.e. to indicate movement or change from one place to another:

e.g. Die Katze springt **auf den Tisch**.
Der Mann geht **in die Küche**.
Das Kind läuft **hinter das Auto**.

NB: Verbs implying motion do not necessarily indicate that an accusative is required. Only verbs which indicate a change of position take the accusative case:

e.g. Die Mädchen und Jungen tanzen **im Klub**.
Die Kinder schwimmen **im See**.

5.4 Prepositions with the genitive

außerhalb	– outside
innerhalb	– inside/within
statt	– instead of
trotz	– in spite of
während	– during
wegen	– because of

e.g. Ich wohne **außerhalb der Stadt**.
Während des Abends hat es geregnet.

5.5 Verbs with prepositions

Some verbs are always followed by a preposition. The cases following these prepositions do not change:

e.g. schreiben an + Akk. – to write to
sich freuen auf + Akk. – to look forward to
bestehen aus + Dat. – to consist of
sich interessieren für + Akk. – to be interested in
sprechen über + Akk. – to talk about

▶ Which case is being used in the following sentences?

a Er ist **durch den Wald** gelaufen.
b Sie ist **in die Stadt** gegangen.
c Als sie **in der Stadt** war, hat sie sich **mit ihm** getroffen.
d Sie hat ein Geburtstagsgeschenk **für ihre Mutter** gekauft.
e Er ist **in die Buchhandlung** gegangen, um ein Buch zu kaufen.
f Sie wollten einen Spaziergang **im Park** machen, aber es hat geregnet.
g Sie sind **ins Kino** gegangen. **Trotz des Wetters** haben sie Spaß gehabt.
h Ihr Buch ist **auf dem Tisch**. Susi hat das Buch selbst **auf den Tisch** gelegt.

▶ Fill in the correct forms of the articles after the prepositions in the following text and then answer the question below.

Jens ist ordentlich und räumt sein Zimmer auf. Er legt die Socken in … Schublade. Seine Pullis legt er in … Kommode, und seine Jacke hängt er in … Kleiderschrank. Seine Schuhe tut er unter … Bett, und seine Schultasche hängt er an … Haken.

Seine Bücher stellt er auf ... Fensterbrett und seine CDs auf ... Regal. Seine Hose faltet er über ... Stuhl und das T-Shirt, das er statt ... Nachthemds trägt, legt er unter ... Kopfkissen. Als alles fertig ist, kommt die Katze in ... Zimmer und springt auf ... Bett.

Wo sind seine Sachen? z.B. Seine Socken sind in ... Schublade, usw.

6 *Pronouns (Pronomen)*

A pronoun is a word used to replace a noun: 'he', 'she', 'it', 'me', 'you' etc.

6.1 Personal pronouns

Personal pronouns change their form according to the case in which they are used.

	Nom.	**Akk.**	**Dat.**
I/me	ich	mich	mir
you	du	dich	dir
he/him	er	ihn	ihm
she/her	sie	sie	ihr
it	es	es	ihm
we/us	wir	uns	uns
you	ihr	euch	euch
they/them	sie	sie	ihnen
you (polite)	Sie	Sie	Ihnen

6.2 Pronouns and word order

a If there is a pronoun and a noun in the sentence, the pronoun comes first:

e.g. Er gibt **mir** das Buch.

b When there are two pronouns in the sentence, the accusative comes before the dative:

e.g. Er gibt **es** mir.

6.3 Relative pronouns (Relativpronomen)

	Mask.	**Fem.**	**Neutr.**	**Pl.**
Nom.	der	die	das	die
Akk.	den	die	das	die
Gen.	dessen	deren	dessen	deren
Dat.	dem	der	dem	denen

These are translated by the English 'who', 'which', 'that'. They usually introduce a new clause which refers back to a noun mentioned earlier in the sentence. (A clause is a distinct part of a sentence with its own subject and verb.) They send the verb to the end of the clause in which they appear. Relative pronouns agree in gender and number with the noun they refer back to:

e.g. Der Mann, **der** am Tisch sitzt, heißt Herr Baumann.
Die Frau, **die** einen Hut trägt, ist sehr jung.
Das Kind, **das** in dem Garten spielt, ist vier Jahre alt.
Die Männer, **die** in dem Auto sind, tragen alle Regenmäntel.

They also change case according to their function in the sentence:

Der Mann, **der** einen schwarzen Anzug trägt, heißt ... (Nom. – subject)
Ich habe einen Hund, **der** Waldi heißt. (Nom. – subject)
Waldi ist der Hund, **den** ich spazierenführe. (Akk. – object)
Die Uhr, **die** meine Mutter mir geschenkt hat, ... (Akk. – object)
Das Foto, **das** ich gesehen habe, ... (Akk. – object)
Der Junge, **dem** ich das Buch gegeben hatte, ... (Dat. – indirect object)

▶ Fill in the correct form of the relative pronoun in the following sentences.

a Das Buch, ... ich gelesen habe, ist sehr interessant. (Akk.)
b Der Hund, ... ich den Knochen gegeben habe, heißt Max. (Dat.)
c Der Wagen, ... mein Vater gekauft hat, ist schon kaputt. (Akk.)
d Die Frau, ... Ursula heißt, ist meine Tante. (Nom.)
e Die Blumen, ... ich im Geschäft gesehen habe, waren nicht gut. (Akk.)
f Die Frau, ... ich den Blumenstrauß gegeben habe, hat heute Geburtstag. (Dat.)

7 Adjectives (Adjektive)

These describe nouns or pronouns and when used in German they take an appropriate ending when placed in front of the word they are describing, e.g. der **alte** Mann; das **böse** Kind. When used on their own, adjectives do not take an ending, e.g. der Mann ist **alt**. There are three groups of adjective endings.

7.1 Group 1

These are used when the adjective is not preceded by an article or any other defining word. They have similar endings to the definite article, except in the genitive singular.

	Mask.	Fem.	Neutr.	Pl.
Nom.	-er	-e	-es	-e
Akk.	-en	-e	-es	-e
Gen.	-en	-er	-en	-er
Dat.	-em	-er	-em	-en

7.2 Group 2

These are used after the definite article (der, die, das) and words which behave in the same way, e.g. dieser, jener, jeder, welcher. (For more on this point see **3.1**.)

	Mask.	Fem.	Neutr.	Pl.
Nom.	-e	-e	-e	-en
Akk.	-en	-e	-e	-en
Gen.	-en	-en	-en	-en
Dat.	-en	-en	-en	-en

7.3 Group 3

These are used after the indefinite article (ein, eine, ein), kein and all possessive adjectives.

	Mask.	Fem.	Neutr.	Pl.
Nom.	-er	-e	-es	-en
Akk.	-en	-e	-es	-en
Gen.	-en	-en	-en	-en
Dat.	-en	-en	-en	-en

NB:
a Adjectives following alle take the same endings as after the definite article.
b Hoch loses the c when an ending is added, e.g. ein **hoher** Berg.
c Adjectives ending in -el and (usually) -er drop the e when followed by a vowel, e.g. eine **dunkle** Nacht.

► Complete the sentences below with the correct form of the adjective.

a Er hat ... Haare und ... Augen. (kurz/blau)
b Er ist ... und hat ... Füße. (mittelgroß/groß)
c Er trägt ... Kleider, zum Beispiel eine ... Hose, einen ... Pulli, eine ... Lederjacke und ... Schuhe. (lässig/weit/groß/dunkel/bequem)
d Er ist sehr ... und ... (freundlich/unordentlich)
e Seine Schwester ist ... . Sie hat ... Augen und ... Haare. (klein/braun/blond)
f Sie bevorzugt ... Kleider, zum Beispiel eine ... Bluse und einen ... Rock. (bunt/kariert/rot)
g Sie ist sehr ... und ... (sportlich/unternehmungslustig)
h Sie wohnen in einem ... Haus in einem ... Dorf neben einem ... Schloß. (groß/klein/alt)
Das Schloß ist sehr ... und ist von einem sehr ... Garten umgeben. (sehenswert/hübsch)
Im Garten gibt es ein ... Gewächshaus mit vielen ... Pflanzen und Blumen. (groß/tropisch)
Viele Touristen kommen, um die ... Blumen zu sehen, und man kann auch ... Blumen und ... Pflanzen aus aller Welt kaufen. (schön/ungewöhnlich/interessant)

8 Comparatives and superlatives (Komparative und Superlative)

8.1 Comparatives (smaller; quicker; more beautiful)

Simply add -er to the adjective:

e.g. kleiner schneller schöner

8.2 Superlatives (smallest; quickest; most beautiful)

Simply add -st to the adjective:

e.g. kleinst schnellst schönst

Many adjectives add -est to aid pronunciation:

e.g. schlechtest süßest

8.3 Adjective endings

Like all adjectives, the comparative and superlative forms always take endings when they are used as adjectives before a noun, or with an article:
e.g. die kleiner**e** Tochter
das schnellst**e** Auto

8.4 One-syllable adjectives

Many adjectives with only one syllable also take an Umlaut in the comparative and the superlative forms.

e.g. warm – wärmer – der/die/das wärmste

► Copy and complete this list of one-syllable adjectives.

groß – größer – der/die/das größte
jung
alt
klug
lang
kurz
scharf
stark
warm

8.5 Irregular forms

gut – besser – der/die/das beste
hoch – höher – der/die/das höchste
nah – näher – der/die/das nächste
viel – mehr – der/die/das meiste

The adverb gern also has irregular comparative and superlative forms:

gern – lieber – am liebsten

8.6 Making comparisons

kleiner als – smaller than
weniger klein als – less small than
(nicht) so klein wie – (not) as small as
immer kleiner – smaller and smaller

9 Conjunctions (Konjunktionen)

These are used to join sentences or parts of sentences together. In German there are two kinds of conjunctions – **co-ordinating** and **subordinating** conjunctions.

9.1 Co-ordinating conjunctions

These do not change the word order in any way.

aber – but
denn – for/because
oder – or
sondern – but/on the other hand
und – and

9.2 Subordinating conjunctions

These all send the verb to the end of the sentence or part of the sentence ('subordinate clause') in which they are used.

als – when (past tense)
als ob – as if
bevor – before
bis – until
da – as/since
damit – so that/in order that
daß – that

nachdem – after
ob – whether
obgleich – although
obwohl – although
seit(dem) – since (time)
sobald – as soon as
solange – as long as
während – while
weil – because
wenn – when (present and future)/if/whenever
wie – as/how

e.g. **Bevor** sie ins Bett **ging**, las sie das Buch zu Ende.
Er blieb zu Hause, **weil** er krank **war**.

9.3 als; wenn; wann – when

a Als – when (in the past tense):

Als meine Mutter nach Hause kam, machte ich schon meine Hausaufgaben.

b Wenn – when (in the present and future)/whenever/if:

Wenn es regnet, trage ich meinen Regenmantel.
Wenn er morgen kommt, gehen wir ins Theater.

c Wann – when (as a direct or indirect question):

Wann hast du Geburtstag?
Ich weiß nicht, wann der Zug ankommt.

10 Verbs (Verben)

A verb expresses an action, state or event.

10.1 Infinitive (der Infinitiv)

The basic form of the verb is called the infinitive and ends in -en.

kaufen – to buy   spielen – to play
gehen – to go   essen – to eat
fahren – to go (by transport)

10.2 Reflexive verbs (Reflexivverben)

These verbs have a reflexive pronoun which refers back to the subject of the verb. They are far more common in German than in English and often have no direct English translation (e.g. sich erinnern – to remember):

e.g. Ich erinnere **mich** an meine Kindheit.

NB: If the sentence already contains an object, i.e. an accusative, the pronoun will be in the dative case:

e.g. Ich wasche **mir** die Haare.

sich waschen
ich wasche **mich**
du wäschst **dich**
er/sie/es wäscht **sich**
wir waschen **uns**
ihr wascht **euch**
sie/Sie waschen **sich**

ich wasche **mir** die Haare
du wäschst **dir** die Haare
er/sie/es wäscht **sich** die Haare
wir waschen **uns** die Haare
ihr wascht **euch** die Haare
sie/Sie waschen **sich** die Haare

10.3 Separable and inseparable verbs (trennbare und untrennbare Verben)

In German there are separable and inseparable prefixes which may be added to a verb.

a Separable prefixes

These are usually prepositions or adverbs. The most common ones include:
ab-; an-; auf-; aus-; ein-; fern-; fort-; mit-; nach-; los-; vor-; zu-; zurück-.

abfahren   **los**gehen
ankommen   **mit**nehmen
aufstehen   **nach**gehen
ausgehen   **vor**gehen
einkaufen   **zu**machen
fernsehen   **zurück**fahren
fortbleiben

Position of separable prefixes:

- The prefix goes to the end of a sentence or clause (see **6.3**):

e.g. Er **steht** um sechs Uhr **auf**.

- In a clause where the verb is sent to the end, the prefix and verb appear together:

e.g. Wenn er **aufsteht**, geht er ...

- When the infinitive form is used with zu, the zu is inserted between the prefix and the verb:

e.g. Um das Fenster auf**zu**machen, ...

- In the past participle the ge is inserted between the prefix and the verb:

e.g. Er ist gestern um sechs Uhr auf**ge**standen.

b Inseparable prefixes

The following prefixes are always inseparable: be-; emp-; ent-; er-; ge-; ver-; zer-.

In the past participle, ge- is not added to verbs with an inseparable prefix.

beginnen	–	begonnen
empfehlen	–	empfohlen
entdecken	–	entdeckt
erwarten	–	erwartet
versuchen	–	versucht
zerbrechen	–	zerbrochen

e.g. Er hat die Arbeit begonnen.
Was hat er empfohlen?
Er hat die Vase zerbrochen.

10.4 Modal verbs (Modalverben)

There are six of these verbs, and in German they are generally used with other verbs to express permission, possibility or obligation.

a Present tense (Präsens)

müssen – to have to/must

ich muß	wir müssen
du mußt	ihr müßt
er/sie/es muß	sie/Sie müssen

NB: Ich muß nicht means 'I don't have to' (not 'I must not').

können – to be able to/can

ich kann	wir können
du kannst	ihr könnt
er/sie/es kann	sie/Sie können

dürfen – to be allowed to/may

ich darf	wir dürfen
du darfst	ihr dürft
er/sie/es darf	sie/Sie dürfen

mögen – to like

ich mag	wir mögen
du magst	ihr mögt
er/sie/es mag	sie/Sie mögen

wollen – to want to

ich will	wir wollen
du willst	ihr wollt
er/sie/es will	sie/Sie wollen

sollen – to ought to/to be to

ich soll	wir sollen
du sollst	ihr sollt
er/sie/es soll	sie/Sie sollen

b Imperfect tense (Imperfekt or Präteritum)

Modal verbs with an Umlaut lose their Umlaut in the imperfect forms:

müssen	– ich mußte	– I had to
können	– ich konnte	– I could
dürfen	– ich durfte	– I was allowed to
mögen	– ich mochte	– I liked
sollen	– ich sollte	– I should
wollen	– ich wollte	– I wanted to

c The verbs used with modal verbs are always in the infinitive and are placed at the end of the sentence or clause.

e.g. Ich **muß** meine Oma **besuchen**.
Ich **kann** morgen ins Kino **gehen**.
Ich **darf** in die Disko **gehen**.
Ich **mag** Kuchen **essen**.
Ich **will** nach Spanien **fahren**.
Ich **soll** heute abend meine Hausaufgaben **machen**.

However, the modal verb goes after the infinitive at the end of a subordinate clause (see **9.2**).

e.g. Weil ich heute abend meine Hausaufgaben **machen muß**, kann ich nicht ins Kino gehen.

► Add a suitable modal verb to complete the following:

a Wir gehen morgen ins Kino, ... du mitkommen?
b Wir ... uns beeilen, sonst verpassen wir den Zug!
c Ich esse keine Bonbons, ich ... eigentlich keine Süßigkeiten.
d Nach der Schule ... wir ins Freibad gehen, wenn das Wetter schön bleibt.
e Natalie ... heute nicht mit in die Disko, weil sie vorgestern zu spät nach Hause gekommen ist.
f Letzte Woche ... ich meine Oma besuchen, weil sie Geburtstag hatte.
g Gestern abend ... ich nicht mit ins Kino, weil ich zu viele Hausaufgaben hatte.
h Ich ... mitfahren, ... aber nicht, weil ich zu viel zu tun hatte.
i Ich ... die Matheaufgabe nicht lösen. ... du das?
j Er ... sein Zimmer aufräumen, hat es aber nicht gemacht!

10.5 Auxiliary verbs (Hilfsverben): haben, sein and werden

These verbs 'help' other verbs to form various tenses. Haben and sein are used to form the perfect and pluperfect tenses (see **11.3f**, **11.5b**); werden is used to form the future tense (**11.2a**). All three verbs have an irregular present tense:

haben – to have

ich habe	wir haben
du hast	ihr habt
er/sie/es hat	sie/Sie haben

sein – to be

ich bin	wir sind
du bist	ihr seid
er/sie/es ist	sie/Sie sind

werden – to become

ich werde	wir werden
du wirst	ihr werdet
er/sie/es wird	sie/Sie werden

10.6 The imperative (die Befehlsform)

This form of the verb is used to give commands. In German there are three forms of the imperative which correspond to the three ways of saying 'you' – du, ihr and Sie. In written German, an exclamation mark is often an indication that a command is being used.

a Duform (singular – when speaking to one person in the familiar)

This is formed by adding -e to the stem of the verb. (The stem is that part of the verb which remains after removing the -(e)n from the infinitive.) Often, the -e is dropped unless the stem ends in d, t, or n.

e.g. du kommst – komm!
du gehst – geh!
du beantwortest – beantworte!

b Ihrform (plural – when speaking to more than one person in the familiar)

This is formed by using the ihr form of the present tense without the ihr:

e.g. ihr kommt – kommt!
ihr geht – geht!
ihr beantwortet – beantwortet!

c Sieform (polite form)

This is formed by using the Sie form of the present tense and inverting the order of Sie and the verb:

e.g. Sie kommen – kommen Sie!
Sie gehen – gehen Sie!
Sie beantworten – beantworten Sie!

d Sein

Sein is the only verb with an irregular polite imperative form:

sei! seid! seien Sie!

11 *Tenses*

11.1 Present tense (das Präsens)

In German the present tense is used to talk about:
– something you are doing now,
e.g. I am eating – ich esse.
– something you do regularly,
e.g. I always eat at six – ich esse immer um sechs Uhr.

– something you are just about to do,
e.g. I am going to school – ich gehe zur Schule.
– a future action when used with the appropriate phrase of time,
e.g. Morgen fahre ich nach London. – Tomorrow I am going to London.
– expressions with seit – since; an action which began in the past but is still continuing:
e.g. Er lernt seit drei Jahren Deutsch. – He has been learning German for three years.

Verbs in German are classed as either weak (schwach) or strong (stark). Most weak verbs follow a regular pattern, although there are a few irregular weak verbs. Strong verbs follow a less regular pattern. A list of the most common strong and irregular verbs can be found in **12**.

a Weak verbs (schwache Verben)

Add the present tense endings to the stem of the verb.

ich	-e	wir	-en
du	-st	ihr	-t
er/sie/es	-t	sie/Sie	-en

e.g. mach**en** – to do/make

ich mach**e**	wir mach**en**
du mach**st**	ihr mach**t**
er/sie/es mach**t**	sie/Sie mach**en**

NB: Man (one) takes the same endings as er/sie/es: man mach**t** – one does.

b Strong verbs (starke Verben)

The stem of these verbs changes only in the du and er/sie/es forms. All other present tense forms are always regular.

Verbs which take an Umlaut:
e.g. fahren – to travel/go

ich fahr**e**	wir fahr**en**
du f**ä**hr**st**	ihr fahr**t**
er/sie/es f**ä**hr**t**	sie/Sie fahr**en**

Verbs with a vowel change:
e.g. essen – to eat

ich ess**e**	wir ess**en**
du **ißt**	ihr eß**t**
er/sie/es **ißt**	sie/Sie ess**en**

Common verbs which take an Umlaut are: fahren, fallen, fangen, gefallen, halten, lassen, laufen, schlafen, tragen, wachsen and waschen.

Common verbs with a vowel change are: brechen (bricht); geben (gibt); helfen (hilft); lesen (liest); nehmen (nimmt); sehen (sieht); sprechen (spricht); sterben (stirbt); treffen (trifft); vergessen (vergißt); werden (wird); werfen (wirft); wissen (weiß).

c Spelling changes

Verbs with a stem which ends in -d or -t, and many ending in -m or -n, e.g. arbeiten, bieten, baden, usually add an -e- between the stem and the endings in the du, er/sie/es and ihr forms to enable the endings to be pronounced: du arbeitest, er bietet, ihr badet.

Verbs which have a stem which ends in -s, -ß or -z, e.g. heißen, reisen, sitzen, tanzen, only add -t in the du form: du reist, du heißt, du sitzt, du tanzt.

d Irregular verbs

The following verbs have an irregular present tense: the auxiliary verbs haben, sein and werden (see **10.5**) and the modal verbs (see **10.4a**).

11.2 Future tense (das Futur)

a Formation of the future tense

Use the appropriate part of the present tense of the verb werden (see **10.5**) and the infinitive, which goes to the end of the sentence or clause.

e.g. spielen – to play
Ich werde morgen Tennis spielen.
Du wirst morgen Tennis spielen.

b Use of the future tense

The future tense in German is used where English uses 'I will/I shall/I am going to', and this indicates an action which will take place sometime in the future:

e.g. Wenn ich die Schule verlasse, werde ich auf einer Fachhochschule weiterstudieren.

NB: Germans often use a present tense where you would use a future in English:

e.g. Kommst du nächste Woche?
– Will you be coming next week?
Ich spüle später ab.
– I will do the washing up later.

11.3 Perfect tense (das Perfekt)

a Use of the perfect tense

This tense describes an action which happened in the past (e.g. 'he went; he did go; he was going; he has gone'). The perfect tense is more commonly used in speech and the imperfect tense (see **11.4**) in writing, such as newspapers and books. However, there is no hard and fast rule and the two tenses are more interchangeable in German than they are in English.

b Formation of the perfect tense

This tense is made up of two parts, an auxiliary verb and a past participle. The auxiliary verb is either sein or haben (see **10.5** and **f** below).
The past participle is placed at the end of the clause or sentence.

c Formation of the past participle – weak verbs

Take the -en or -n from the infinitive, replacing them by -t, and put ge- in front. If the stem ends in d, m, n or t, an e is inserted before the t for ease of pronunciation.

NB: This rule applies to verbs with m or n only where a consonant precedes these letters.

e.g.

machen –	ge mach t	– made/did
sammeln –	ge sammel t	– collected
arbeiten –	ge arbeit et	– worked
zeichnen –	ge zeichn et	– drawn

Ich habe meine Hausaufgaben gemacht.
Er hat Briefmarken gesammelt.

d Formation of the past participle – strong verbs

The past participle of strong verbs usually begins with ge- and ends in -en. However, there is often a vowel change in the stem which does not follow a pattern and must be learnt (see verb list in **12**):

e.g.

gehen –	gegangen	– went
kommen –	gekommen	– came
singen –	gesungen	– sang

Ich bin am Dienstag ins Kino gegangen.
Er ist spät nach Hause gekommen.
Wir haben in der Kirche gesungen.

e Unusual past participles

ge- is not added to past participles of verbs ending in -ieren:

e.g. telefonieren – Ich habe mit meiner Freundin **telefoniert**.
studieren – Er hat drei Jahre **studiert**.

ge- is not added to verbs with an inseparable prefix (see **10.3b**).

Separable verbs form their past participle by putting -ge- between the separable prefix and the rest of the verb (see **10.3a**).

f Sein or haben?

Haben: Most verbs, including reflexive verbs, use haben to form the perfect tense. All transitive verbs use haben. Transitive verbs have an object; for example, in 'the girl took the book', 'book' is the object of the verb 'to take'.

Sein: Many intransitive verbs use sein to form the perfect tense. Intransitive verbs do not have an object; for example, 'to fall', 'to stay' do not require an object to make sense. Verbs using sein include:

Verbs of motion:

gehen – Ich bin zur Schule gegangen.
– I went to school.
fahren – Er ist nach London gefahren.
– He went to London.
laufen – Wir sind durch den Wald gelaufen.
– We ran through the wood.
fallen – Er ist aus dem Baum gefallen.
– He fell out of the tree.

Verbs which indicate a change of state:

aufwachen –	Er ist spät aufgewacht.
	– He woke up late.
einschlafen–	Sie ist schnell eingeschlafen.
	– She went to sleep quickly.

Bleiben and sein:

bleiben –	Wir sind eine Woche geblieben.
	– We stayed for a week.
sein –	Er ist früher Kellner gewesen.
	– He used to be a waiter.

Some impersonal verbs:

gelingen – to succeed
– Es ist ihm gelungen, die Prüfung zu bestehen.
geschehen – to happen
– Der Unfall ist gestern geschehen.
But NB not gefallen
– Das Kleid hat mir gut gefallen.

▶ Sein oder haben? Fill in the correct forms of the auxiliary verbs in the text below.

Gestern ... ich spät aufgestanden, weil wir keine Schule hatten. Ich ... geduscht, und gefrühstückt, und dann ... ich das Haus verlassen und ... mit der Straßenbahn in die Stadt gefahren. Da ... ich mich mit meinem Freund getroffen, und wir ... ins Kino gegangen. Nach dem Kino ... wir zu McDonald's gegangen und ... Big Macs und Milkshakes gekauft. Danach ... wir nach Hause gefahren, und wir ... Fernsehen geguckt und Musik gehört und gequatscht, bis das Abendessen fertig war. Bernd ... mit uns gegessen, und dann ... er wieder nach Hause gegangen. Ich ... noch ein bißchen gelesen und ... dann um halb zehn schon ins Bett gegangen, weil man immer so früh für die Schule aufstehen muß.

11.4 Imperfect tense (das Imperfekt or Präteritum)

a Use of the imperfect

The imperfect is used to describe actions or events which happened in the past. In German it is often interchangeable with the perfect tense.

Written language: The imperfect is used more in written than in spoken German, e.g. in books, magazines and newspapers. It is used in narration: to tell a story or give an account or report of something that has happened.

Spoken language: This tense is used in speech in German as it is in English:

It was sunny. – Es war sonnig.
I was going along the street when ...
– Ich ging die Straße entlang, als ...

However, it is important to note that the perfect is often used in spoken German where the imperfect/simple past is used in English.

b Weak verbs (schwache Verben)

The imperfect tense is formed by adding the following endings to the stem of the verb:

ich	-te	wir	-ten
du	-test	ihr	-tet
er/sie/es	-te	sie/Sie	-ten

e.g. spielen – to play

ich spielte	wir spielten
du spieltest	ihr spieltet
er/sie/es spielte	sie/Sie spielten

c Strong verbs (starke Verben)

The stem changes in many strong verbs (see verb list in **12**) and the following endings are added:

ich	—	wir	-en
du	-st	ihr	-t
er/sie/es	—	sie/Sie	-en

e.g. kommen – to come
imperfect stem kam

ich kam	wir kamen
du kamst	ihr kamt
er/sie/es kam	sie/Sie kamen

d Spelling changes

Some verbs whose stems ends in d, m, n or t add an extra e before the endings to aid pronunciation.

e.g. arbeiten – to work – ich arbeitete

e Irregular and modal verbs

Some verbs are irregular in the imperfect tense: they change their stem but take the weak imperfect endings.

e.g. kennen – to know – ich kannte
bringen – to bring – ich brachte
rennen – to run – ich rannte
denken – to think – ich dachte
wissen – to know – ich wußte
nennen – to name – ich nannte

Modal verbs also take the weak endings, but those with an Umlaut lose their Umlaut in the imperfect: see **10.4b**.

11.5 Pluperfect tense (das Plusquamperfekt)

a Use of the pluperfect

This tense normally translates the English 'had' ('had gone; had read; had seen') and is used for events which had already happened before something else occurred in the past.

e.g. Als meine Mutter nach Hause kam, **hatte** ich das Abendessen schon **gemacht**.

b Formation

This tense is formed in a very similar way to the perfect, but instead of using the present tense of the auxiliary verbs sein and haben, the imperfect war/hatte is used. Verbs which form their perfect tense using sein also use sein for the pluperfect tense.

Haben

ich hatte	wir hatten
du hattest	ihr hattet
er/sie/es hatte	sie/Sie hatten

Sein

ich war	wir waren
du warst	ihr wart
er/sie/es war	sie/Sie waren

e.g. Ich **hatte** die vorige Woche viel **gearbeitet**.
Ich **war** schon in die Stadt **gegangen**.

11.6 Subjunctive (die Konjunktivform)

The two tenses most often used in the subjunctive are the present and imperfect.

a Present

This is used in German mainly in indirect (or reported) speech, i.e. for reporting what someone has said:

e.g. She said that her mother was ill.
– Sie sagte, daß ihre Mutter krank **sei**.
She said that she had no time.
– Sie sagte, daß sie keine Zeit **habe**.

To form the present subjunctive take the stem of the verb, whether strong or weak, and add the following endings. The only verb with irregularities in the present subjunctive is sein.

ich	-e	wir	-en
du	-est	ihr	-et
er/sie/es	-e	sie/Sie	-en

machen – to do/make

ich mache	wir machen
du machest	ihr machet
er/sie/es mache	sie/Sie machen

sein – to be

ich sei	wir seien
du seiest	ihr seiet
er/sie/es sei	sie/Sie seien

b Imperfect

The imperfect subjunctive is mainly used for sentences with 'if (only)' or 'as if':

e.g. Wenn ich Zeit **hätte**, ...
– If I had time ...
Wenn ich reich **wäre**, ...
– If I were rich ...
Er sah aus, als ob er müde **wäre**.
– He looked as if he was tired.

Weak verbs: The imperfect subjunctive is the same as the normal imperfect tense (see **11.4b**).

Modal verbs: These take the same endings as weak verbs: ich sollte; ich wollte; ich könnte; ich möchte; ich müßte; ich dürfte.

Strong verbs: Take the normal imperfect stem and add the endings of the present subjunctive. If the vowel in the stem is an a, o, or u, add an Umlaut.

gehen – to go
imperfect stem ging

ich ginge	wir gingen
du gingest	ihr ginget
er/sie/es ginge	sie/Sie gingen

geben – to give
imperfect stem gab

ich gäbe	wir gäben
du gäbest	ihr gäbet
er/sie/es gäbe	sie/Sie gäben

12 List of strong and irregular verbs

Verbs with the same stem follow the same pattern:
fangen, fängt, fing, hat gefangen: anfangen, fängt an, fing an, hat angefangen

Infinitive		**Present er/sie/es**	**Imperfect ich/er/sie/es**	**Perfect er/sie/es**
beginnen	to begin	beginnt	begann	hat begonnen
bieten	to offer	bietet	bat	hat geboten
binden	to tie	bindet	band	hat gebunden
bleiben	to stay	bleibt	blieb	ist geblieben
braten	to fry/roast	brät	briet	hat gebraten
brechen	to break	bricht	brach	hat gebrochen
brennen	to burn	brennt	brannte	hat gebrannt
bringen	to bring/take	bringt	brachte	hat gebracht
denken	to think	denkt	dachte	hat gedacht
dürfen	to be allowed to	darf	durfte	hat gedurft
empfehlen	to recommend	empfiehlt	empfahl	hat empfohlen
essen	to eat	ißt	aß	hat gegessen
fahren	to go/travel	fährt	fuhr	ist gefahren
fallen	to fall	fällt	fiel	ist gefallen
fangen	to catch	fängt	fing	hat gefangen
finden	to find	findet	fand	hat gefunden
fliegen	to fly	fliegt	flog	ist geflogen
geben	to give	gibt	gab	hat gegeben
gefallen	to like*	gefällt	gefiel	hat gefallen
gehen	to go/walk	geht	ging	ist gegangen
gelingen	to succeed*	gelingt	gelang	ist gelungen
gewinnen	to win	gewinnt	gewann	hat gewonnen
gießen	to pour	gießt	goß	hat gegossen
graben	to dig	gräbt	grub	hat gegraben
haben	to have	hat	hatte	hat gehabt
halten	to hold	hält	hielt	hat gehalten
hängen	to hang	hängt	hing	hat gehangen
heißen	to be called	heißt	hieß	hat geheißen
helfen	to help	hilft	half	hat geholfen
kennen	to know (someone)	kennt	kannte	hat gekannt
kommen	to come	kommt	kam	ist gekommen
können	to be able to	kann	konnte	hat gekonnt

*es gefällt mir – I like it; es gelingt mir – I succeed

Grammatik

Infinitive		Present er/sie/es	Imperfect ich/er/sie/es	Perfect er/sie/es
laden	to load	lädt	lud	hat geladen
lassen	to let, leave	läßt	ließ	hat gelassen
laufen	to walk/run	läuft	lief	ist gelaufen
leiden	to suffer, tolerate	leidet	litt	hat gelitten
lesen	to read	liest	las	hat gelesen
liegen	to lie	liegt	lag	ist gelegen
lügen	to tell lies	lügt	log	hat gelogen
mögen	to like	mag	mochte	hat gemocht
müssen	to have to	muß	mußte	hat gemußt
nehmen	to take	nimmt	nahm	hat genommen
reißen	to tear	reißt	riß	hat gerissen
reiten	to ride (horse)	reitet	ritt	ist geritten
rufen	to call	ruft	rief	hat gerufen
scheiden	to separate	scheidet	schied	ist geschieden
schlafen	to sleep	schläft	schlief	hat geschlafen
schließen	to close	schließt	schloß	hat geschlossen
schneiden	to cut	schneidet	schnitt	hat geschnitten
schreiben	to write	schreibt	schrieb	hat geschrieben
schwimmen	to swim	schwimmt	schwamm	ist geschwommen
schwören	to swear	schwört	schwor	hat geschworen
sehen	to see	sieht	sah	hat gesehen
sein	to be	ist	war	ist gewesen
singen	to sing	singt	sang	hat gesungen
sinken	to sink	sinkt	sank	ist gesunken
sitzen	to sit	sitzt	saß	hat gesessen
sprechen	to speak	spricht	sprach	hat gesprochen
springen	to jump	springt	sprang	ist gesprungen
stehen	to stand	steht	stand	hat gestanden
steigen	to climb	steigt	stieg	ist gestiegen
sterben	to die	stirbt	starb	ist gestorben
stinken	to stink	stinkt	stank	hat gestunken
streiten	to quarrel	streitet	stritt	hat gestritten
tragen	to carry/wear	trägt	trug	hat getragen
treffen	to meet/hit	trifft	traf	hat getroffen
treiben	to play (sport)	treibt	trieb	hat getrieben
treten	to step	tritt	trat	ist getreten
trinken	to drink	trinkt	trank	hat getrunken
tun	to do/put	tut	tat	hat getan
vergessen	to forget	vergißt	vergaß	hat vergessen
verlieren	to lose	verliert	verlor	hat verloren
verschwinden	to disappear	verschwindet	verschwand	ist verschwunden
wachsen	to grow	wächst	wuchs	ist gewachsen
waschen	to wash	wäscht	wusch	hat gewaschen
werben	to advertise	wirbt	warb	hat geworben
werden	to become	wird	wurde	ist geworden
werfen	to throw	wirft	warf	hat geworfen
wissen	to know	weiß	wußte	hat gewußt
wollen	to want to	will	wollte	hat gewollt
ziehen	to pull	zieht	zog	hat gezogen

13 Question words (Fragewörter)

These include:

Wann? – When?
Warum? – Why?
Was? – What ?
Was für? – What kind of?
Wer? – Who?
Wen? – Whom?
Wem? For/To whom?
Wie? – How?
Wieviel? – How much?
Um wieviel Uhr? – At what time?
Wie viele? – How many?
Wie bitte? – Pardon?
Wie spät ist es? – What time is it?
Wo? – Where?
Woher? – From where?
Wohin? – Where to?
Womit? – With what?
Worüber? – About what?
Wofür? – For what?
Wovon? – From what?
Welche(r/s)? – Which?

► Complete the following sentences with suitable question words.

a ... kommt der Zug in München an?
b ... kommen sie, aus Deutschland oder Österreich?
c ... einen Hund hast du, einen Labrador oder einen Setter?
d ... Taschengeld bekommst du, und ... gibst du dein Geld aus?
e ... war der erste Mann auf dem Mond?
f ... Pulli findest du besser, den blauen oder den schwarzen? (NB: Akk!)

14 Word order (Wortstellung)

14.1 Normal word order

The verb in a German sentence (excluding questions or commands) must always be the second idea (not necessarily the second word) and the subject is normally the first idea. Infinitives, separable prefixes and past participles go to the end of the clause or sentence:

e.g. Ich **stehe** immer um sechs Uhr **auf**.
Ich **bin** spät **aufgestanden**.
Ich **muß** immer früh **aufstehen**.

The rest of the sentence follows the order TIME – MANNER – PLACE, e.g.
Er geht **am Montag** zu **Fuß** in **die Stadt**.
(time) (manner) (place)

14.2 Word order in questions and commands

In questions which begin with a question word the order of the subject and verb is reversed ('inversion') so that the verb remains the second idea:

e.g. Wo **hast du** deine Tasche gelassen?
Wie **kommst du** zur Schule?

In commands and in questions which can have a 'yes' or 'no' answer, the verb is the first idea. The subject (if any) comes second:

e.g. **Komm** mit mir nach Hause!
Setzen Sie sich, bitte!
Gehst du heute in die Stadt?

14.3 Word order with subordinate clauses

In subordinate clauses the verb goes to the end of the clause (see **9.2**).

If a subordinate clause starts a sentence, it is considered to be the first idea of the sentence. The verb in the main clause and its subject are inverted so that the main verb remains the second idea, giving the construction verb + comma + verb in the middle of the sentence:

e.g. Weil es heute **regnet**, **fahre** ich mit dem Bus zur Schule.

14.4 Word order with nicht

The position of nicht is variable. It tends to come towards the end of the clause or sentence, but before an infinitive or past participle:

e.g. Ich kann meine Jacke **nicht** finden.

Nicht comes before any word or phrase it specifically refers to:

e.g. Ich kann **nicht** morgen kommen.

Wortschatz ▪ Deutsch–Englisch

Letters in brackets after a noun tell you how to form the plural.
For example: die Abfahrt/die Abfahrten. Nouns marked * form the feminine by adding -in (-innen for the plural). Verbs are given in the infinitive; ** indicates an irregular verb (see list on pages 159–60) and / indicates a separable verb (see p. 152).
Words marked *(ugs.)* (= Umgangssprache) are slang and should be used with caution.

A

ab und zu – from time to time, now and again
ab/decken – to clear (table etc.)
der Abend(e) – evening
der Abenteuerfilm(e) – adventure film
** ab/fahren – to set off, depart
der Abfahrtsskilauf – downhill skiing
der Abfall(¨e) – rubbish
die Abgase *(pl.)* – exhaust fumes
** ab/geben – to hand over
es auf ... abgesehen haben – to have one's eye on ...
die Abhängigkeit – dependence
ab/hauen – to run off
ab/holen – to pick up
das Abitur(e) – A-levels
ab/machen – to remove
ab/räumen – to clear (table)
** ab/reißen – to tear down
die Abschiedsfeier – farewell party
** ab/schließen – to finish, conclude
die Abschlußprüfung(en) – final examination
die Absicht haben – to intend
die Abteilung(en) – department
abwechslungsreich – varied
der Adler(-) – eagle
der Adventskranz(¨e) – Advent wreath
ähnlich – similar
die/keine Ahnung(en) – idea/no idea
die Akte(n) – file
der/die Alkoholkranke(n) – alcoholic
alle sein – to have run out
allein – alone
allerlei – all sorts of
der Alltag – everyday life
als – as, than (in comparison), when
der Altenpfleger(-) * – geriatric nurse
das Altglas – used glass
das Altpapier – used paper
das Alu(minium) – aluminium
an – at, on
an/bieten – to offer
das Andenken(-) – souvenir
andere – other people
anderes – other
nichts anderes – nothing else
** an/fangen (mit) – to begin (with)
anfänglich – initial
angeberisch – boastful
angeln – to fish
angenehm – pleasant
angerauscht kommen – to rush round
der/die Angestellte(n) – employee
die Angst(¨e) – fear
sich an/gucken – to look at each other
der Anhänger(-) – pendant
** an/kommen (in) – to arrive (in)
die Ankunft(¨e) – arrival
an/lächeln – to smile at
** an/liegen – to be on the agenda
an/machen – to switch on, put on
** an/nehmen – to take on/up
an/probieren – to try on
die Anreise – arrival
** an/rufen (bei) – to phone, call
an/schauen – to look at
anschließend – afterwards, next
die Anschrift(en) – address
** an/sehen – to watch, look at
die Ansichtskarte(n) – (picture) postcard
** an/sprechen – to speak to
** an/springen – to start
anstrengend – demanding, strenuous, taxing
an/vertrauen *(+ dat.)* – confide (to)
die Anzeige(n) – advertisement
sich ** an/ziehen – to get dressed
der Anzug(¨e) – suit
an/zünden – to light
die Apfelsine(n) – orange
die Apotheke(n) – chemist's
am Apparat – on the telephone, speaking
das Arbeitsamt(¨er) – job centre
die Arbeitsgemeinschaft(en)/AG – study group, extra-curricular activity
das Arbeitslager(-) – labour camp
die Arbeitslosigkeit – unemployment
die Arbeitsunlust – unwillingness to work
der Ärmel(-) – sleeve
der/die Arzt(¨e)/Ärztin(nen) – doctor
der Arzthelfer(-) * – doctor's receptionist
der Atem – breath
die Atomwaffe(n) – nuclear weapon
ätzend – dreadful, awful
auch – also, as well, too
auf/bewahren – to keep, look after, save
der Aufenthalt – stay
** auf/fallen *(+ dat.)* – to occur (to)
** auf/geben – to post
aufgeputscht – stimulated
auf/machen – to open
** auf/nehmen (in) – to accept (into)
auf/räumen – to tidy/clear up
aufregend – exciting
sich auf/richten – to straighten oneself up
auf/rücken – to move up
auf/schnappen – to catch
der Aufschnitt – sliced cold meats
auf/setzen – to put on (coffee)
auf/stauen – to dam
auf/stellen – to erect
auf/tauchen – to turn up
auf/wachen – to wake up
im Augenblick – at the moment
die Aula – hall
aus – made of
aus sein – to be finished/over
die Ausbildung(en) – education, training
** aus/bleiben – to stay out
aus/bohren – to drill (a tooth)
aus/erwählen – to select
der Ausflug(¨e) – excursion, trip
einen Ausflug machen – to make an excursion
aus/führen – to carry out
aus/füllen – to fill (a tooth), fill in (a form)
die Ausgabe(n) – giving out, issuing
der Ausgang(¨e) – exit
ausgebucht – booked up
ausgeflippt – freaky
ausgeschieden – extracted
ausgiebig – thoroughly

** aus/graben – to dig up
(gut) ** aus/kommen (mit) – to get on (well) (with)
die Auskunft(¨e) – information
aus/machen – to switch off, arrange
aus/machen (+ *dat.*) – to matter (to)
aus/probieren – to try (out)
aus/richten – to tell, organize
sich aus/ruhen – to have a rest
** aus/sehen – to look
von außen – from the outside
außerdem – besides
außerhalb – outside
die Aussicht(en) – view
** aus/steigen – to get out
der Austausch(¨e) – exchange
aus/tauschen – to exchange
aus/wählen – to choose
der Auswechselschwimmer – reserve swimmer
der Ausweis(e) – identity card, passport
der/die Auszubildende(n) (Azubi(s)) – apprentice
die Automarke(n) – make of car

B

der Bäcker(-) * – baker
die Backform(en) – cake tin
das Bad(¨er) – bath(room)
der Bahnsteig(e) – platform
der/die Bankangestellte(n) – bank employee
der/die Bankkaufmann/kauffrau (-kaufleute) – bank clerk
die Barkasse(n) – launch
der Bart(¨e) – beard
die Baseballmütze(n) – baseball cap
basteln – to make things, do handicrafts/DIY
der Bauarbeiter(-) * – builder
der Bauch(¨e) – belly
die Bauchschmerzen (*pl.*) – stomach ache, stomach pains
bauen – to build
der Bauernhof(¨e) – farm
der Bauingenieur(e) – civil engineer (*m.*)
der Baum(¨e) – tree
der Baum- und Strauchschnitt – tree and hedge clippings
die Baumwolle – cotton
der Bauschutt – building rubble
die Baustelle(n) – building site
der Bayerische Wald – Bavarian Forest
der/die Beamte(n)/Beamtin(nen) – official
beantworten – to answer
bearbeiten – to process
der Becher(-) – tumbler, mug
das Becken(-) – pool
der Bedarf – requirement
bedeckt – overcast
** befallen – to attack
die Befreiung(en) – liberation
(sich) begrüßen – to greet (each other)
** behalten – to keep hold of
behandeln – to treat
die Behandlung(en) – treatment
der/die Behinderte(n) – handicapped person
bei – in, at, with
beide – both
** bekommen – to get, obtain, receive
beliebt – popular
sich bemühen (um) – to take an interest (in)
benutzen – to use
bequem – comfortable
der Bereich(e) – area
der Berg(e) – mountain
bergab gehen – to go downhill
der Bergmann (Bergleute) – miner (*m.*)
der Bericht(e) – report, account
der Beruf(e) – job, occupation, profession
der Berufswunsch(¨e) – career preference
beruhigen – to soothe
berühmt – famous
beschäftigen – to keep busy
Bescheid sagen (+ *dat.*) – to tell, let … know
sich beschenken – to give each other presents
** beschließen – to decide
** beschreiben – to describe
die Beschwerde(n) – complaint, problem
besetzt – busy, engaged
besichtigen – to visit, look at
besonders – in particular, particularly
besorgen – to get, arrange
** besprechen – to discuss
die Besprechung(en) – meeting
besser – better
der Bestandteil(e) – part, component, ingredient
bestätigen – to confirm
** bestehen – to pass (exam)
** bestehen aus/in – to consist of
bestimmt (nicht) – certainly (not)
besuchen – to visit
die Betäubungsspritze(n) – anaesthetic injection
der Beton(s) – concrete
** betragen – to amount/come to
betreuen – to look after
die betriebliche Ausbildung – apprenticeship
das Betriebspraktikum(-praktika) – work experience
eine Beule (an) – a bump (on)
** bevor/stehen – to be imminent
bevorzugen – to prefer
die Bewegung – movement
sich ** bewerben um – to apply for
bezahlen – to pay (for)
bezeichnen als – to call, describe as
** beziehen – to make (a bed)
** bieten – to offer
der Bildschirm(e) – screen
die Bildung – education
billig – cheap
der Bindestrich(e) – hyphen
die Binnenschiffe (*pl.*) – inland waterways shipping
bis – until
ein bißchen – a bit
das Blatt(¨er) – leaf
bleifrei – unleaded
die Blockhütte(n) – log cabin
blöd – stupid
das Blumengeschäft(e) – florist's
das Blut – blood
die Bockwindmühle(n) – post mill
der Boden(¨) – floor
die Bohne(n) – bean
keine Bohne – not the least bit
bösartig – malignant
böse – angry, nasty
** braten – to roast
brauchen – to need
die Bremse(n) – brake
das Brustschwimmen – breaststroke
buchen – to book
die Buchhaltung – bookkeeping
die Buchhandlung(en) – book shop
bummeln – to stroll
die Bundeswehr – German armed forces
bundesweit – throughout Germany
bunt – colourful
der/die Bürokaufmann/kauffrau (-kaufleute) – office worker

der Busenfreund(e) * – bosom friend

C

ca. (circa/ungefähr) – circa, approximately
der/die Cannabisabhängige(n) – cannabis addict
der Christkindlmarkt(¨e) – Christmas market
die Clique(n) – gang

D

der Dachboden(¨) – attic
** dahin/kommen – to get there
damit – so that
danach – after that, then
dankbar – grateful
danken *(+ dat.)* – to reward, thank
daraus – (out) of it
darüber hinaus – in addition
darunter – including
daß – that
der Datenverarbeiter(-) * – data processing clerk
dauern – to last, take
dauernd – constantly, continually
der Daumen(-) – thumb
DB (Deutsche Bahn) – German Railways
decken – to cover, lay (table)
** denken (an) – to think (about)
dicht – close, thick
dick – fat, thick
das Ding(e) – thing
die DM (Deutsche Mark) – German mark
der Dom(e) – cathedral
doof – silly
doppel – double
das Doppelhaus(¨er) – semi-detached house
das Dorf(¨er) – village
die Dose(n) – tin, can
das Drachenfliegen – kite flying
draußen – outdoors, outside
drehen – to turn, revolve
die Drogenberatung – drugs advice service
der/die Drogentote(n) – person killed by drugs
drücken – to press
dumm – stupid
dunkelblond – light brown
der Durchfall – diarrhoea
der Durchgang(¨e) – passageway
im Durchschnitt – on average
die Durchwahl – direct line
** dürfen – to be allowed to, may
duschen – to shower

E

ebenfalls – also, as well
die Ecke(n) – corner
das Ehepaar(e) – married couple
die Eierschale(n) – eggshell
eifersüchtig – jealous
die Eigenschaft(en) – quality, characteristic
die Eigenverantwortung(en) – personal responsibility
der Eindruck(¨e) – impression
einfach – easy, simply, single
einfarbig – plain coloured
eingeladen – invited
einiges ist los – there's a lot going on
ein/kaufen – to shop
die Einkaufsmeile(n) – shopping district
** ein/laden – to invite
ein/lösen – to cash
einmal – one, once
der Einmarsch(¨e) – invasion
die Einnahme – taking
ein/reden (auf) – to encourage
** ein/reißen – to tear
** ein/schließen – to contain
** ein/steigen (in) – to get in(to)
der Einstich(e) – prick
eintönig – monotonous, boring
** ein/tragen (in) – to write down (in), fill in
** ein/treten – to set in
der Eintritt/das Eintrittsgeld – entrance charge
die Einwegflasche(n) – non-returnable bottle
die Einweg-Verpackung(en) – non-recyclable packaging
ein/wickeln – to wrap (up)
ein/wirken – to act
die Einzelhandelskauffrau(en) – trained retail saleswoman
die Eisdiele(n) – ice-cream parlour
das Eisen – iron
das Eisstockschießen – curling
das Eiweiß – protein
der Ellbogen(-) – elbow
der Empfang(¨e) – reception
der Empfangsleiter(-) * – reception manager
** empfehlen – to recommend
eng – tight, narrow, cramped
entfernen – to remove
entfernt – distant, away
** entgegen/nehmen – to receive, answer (phone calls)
** enthalten – to contain
entlang – along
** entlassen – to relieve (from duty)
** entscheiden – to decide
entsetzlich – awful, terrible
entsetzt – horrified
** entstehen – to be built, be produced, arise
entweder … oder … – either … or …
** entwerfen – to design
der Entwerter(-) – ticket-cancelling machine
sich entwickeln (zu) – to develop (into)
die Entzugserscheinung(en) – withdrawal symptom
erarbeiten – to process
das Erdbeben(-) – earthquake
die Erfahrung(en) – experience
erfrischen – to refresh
das Ergebnis(se) – result
** erhalten – to save, keep
sich erholen – to recover
das Erholungsgebiet(e) – recreational area
erklären – to explain
das Erlebnisbad(¨er) – aquadrome
erledigen – to take care of
erlernt – trained, qualified
ermorden – to murder
ernst – serious(ly)
erreichen – to reach, achieve
erschrocken – terrified
** ertrinken – to drown
der/die Erwachsene(n) – adult
erwähnen – to mention
erwarten – to expect
erwünscht – desired
erzählen (über) – to tell (about)
der Erzieher(-) * – nursery school teacher
die Erziehungskunde – (study of) education
europäisch – European
eventuell – eventually, possibly

F

die Fabrik(en) – factory
das Fach(¨er) – subject
das Fachwerkhaus(¨er) – half-timbered house
die Fähigkeit(en) – skill

** fahren – to go, travel, drive (car etc.)
das Fahrgestell *(ugs.)* – legs
der Fahrradverleih – bicycle hire
die Fahrschule(n) – driving school
der Fahrstuhl(¨e) – lift
die Fahrt(en) – journey
der Falke(n) – falcon
der Fall(¨e) – case
das Fallschirmspringen – parachuting
das Familienmitglied(er) – family member
die Farbe(n) – colour
Fasching – Shrovetide carnival
der Faschingsumzug(¨e) – Shrovetide carnival procession
die Fastenzeit – Lent
faul – lazy
faulenzen – to laze around
der FCKW(-) – CFC
der Fehleinwurf(¨e) – throwing in the wrong thing
fehlen *(+ dat.)* – to be wrong (with)
mir fehlt – I'm short of, I haven't got
die Feier(n) – celebration
der Feierabend(e) – close of work, evening
feiern – to celebrate
das Feingefühl – sensitivity
die Ferse(n) – heel
fertig – ready, finished
fest – tight, close
das Fett(e) – fat
die Feuchtigkeit – moisture
das Feuer(-) – fire
der Feuerwerkskörper *(pl.* das Feuerwerk) – firework
das Feuerzeug – lighter
das Fieber(-) – fever, temperature
der Finanzdirektor(en) * – financial director
die Firma (Firmen) – firm
die Fleischwurst(¨e) – meat sausage
fleißig – hard-working
** fliegen – to fly
fließend – fluently
flippig – temperamental
flirten – to flirt
der Flohmarkt(¨e) – flea market
flott – smart, up-to-date
der Fluchtweg(e) – escape route, fire escape
der Flug(¨e) – flight
die Flugvorführung(en) – flying demonstration
der Flur(e) – hall
der Fluß(¨sse) – river
die Flüssigkeit(en) – liquid
folgen (auf) – to follow
die Folie(n) – foil
fönen – to dry (with hairdryer)
die Forelle(n) – trout
der Formel-1-Fahrer(-) * – Formula 1 driver
das Formular(e) – form
die Forschung(en) – research
Fragen stellen *(+ dat.)* – to ask questions
** frei haben – to be free, have free time
im Freien – in the open air
das Freigehege(-) – open compound
der Freihafen(¨) – free port
die Freiheit – freedom
freiwillig – voluntarily
die Freude(n) – pleasure, delight
sich freuen auf – to look forward to
sich freuen über – to enjoy
der Friedhof(¨e) – cemetery
die Frischhaltefolie – foil food wrap
der Friseur(e) * – hairdresser
früh – early
sich fühlen – to feel
führen (zu) – to lead (to)
die Führung(en) – guided tour
die Füllung(en) – filling
funkelnagelneu – brand spanking new
für – for
furchtbar – terrible, dreadful(ly)
sich fürchten (vor) – to be afraid (of)
das Fürstentum(¨er) – principality
das Fußgelenk(e) – ankle
füttern – to feed

G

die Gans(¨e) – goose
ganz – quite, whole
gar keine Ahnung – absolutely no idea
gar nicht – not at all
die Gardine(n) – blind, net curtain
die Gartenbank(¨e) – garden bench
die Gasteltern *(pl.)* – hosts, exchange parents
die Gastfamilie – exchange family
der Gastgeber(-) * – host/hostess
das Gebäude(-) – building
** geben – to give
geboren – born
der Gedanke(n) – thought
** gedenken *(+ gen.)* – to think of
das Gedicht(e) – poem
geeignet – suitable
gefährlich – dangerous
es ** gefällt (mir) – (I) like it
das Gefühl(e) – feeling
die Gegend(en) – district, region
im Gegensatz zu – unlike, in contrast to
gegenseitig – each other
gegenüber – opposite
geheim – secret
** gehen um – to be about
der/die Gehilfe(n)/Gehilfin(nen) – helper, assistant
der Gehirntumor – brain tumour
gehören (zu) – to belong to
geil *(ugs.)* – brilliant, great, smashing
geistig behindert – mentally handicapped
die Geldverschwendung – waste of money
der Geldwechsel – currency exchange
gelegen – situated
gelernt – trained, qualified
gelungen – successful
gemein – mean
gemeinsam – together
gemischt – mixed
gemustert – patterned
gemütlich – cosy
** genannt werden – to be called
genau – exactly
genial – brilliant
genug – enough
der Genuß – pleasure
geöffnet – open
geordnet – well-ordered
die Gepäckaufbewahrung – left luggage
gepunktet – spotted, with spots
gerade – just
das Gericht(e) – dish
gern – willingly, readily, happily
gern (machen) – to like to (do)
der Geschäftsführer(-) * – managing director
der/die Geschäftsmann/frau(-leute) – businessman/woman
die Geschäftsreise(n) – business trip
das Geschäftsviertel(-) – shopping district

das Geschenk(e) – present
die Geschichte – history, story
geschieden – divorced
das Geschirr – tableware
geschmacklos – tasteless
geschmückt – decorated
groß geschrieben – very important
geschwätzig – talkative
der/die Geselle(n)/Gesellin(nen) – trainee craftsperson
die Gesellschaft(en) – company, corporation
gesichert – guaranteed
das Gesicht(er) – face
das Gespräch(e) – conversation
gestalterisch – creatively
gestern (abend) – yesterday (evening)
der gestrige Tag – yesterday
gestreift – striped
gesund – healthy/healthily
gesundheitsschädlich – damaging to health
das Getreide – grain, cereal
getrennt – separate(ly)
das Gewächshaus(¨er) – glasshouse
der Gewalt – violence
das Gewicht(e) – weight
** gewinnen – to win, obtain, extract
das Gewitter(-) – thunderstorm
das Gewühl – crowd
das Gewürz(e) – spice
es ** gibt – there is/are
** gießen – to water
** gießen in – to pour into
die Giftküche(n) – poison-making laboratory
der Gips – plaster
die Glasvitrine(n) – glass cabinet
glatt – straight (hair), smooth
die Glatze(n) – bald head
gleich – straight away
das gleiche – the same
das Gleis(e) – track, platform
glücklich – happy
der Glühwein – mulled wine
goldig – sweet
der Gottesdienst(e) – church service
das Grab(¨er) – grave
die Grenze(n) – border
grillen – to barbecue
grinsen – to grin
die Grippe – flu
im großen und ganzen – by and large
großherzig – generous
der Großmarkt(¨e) – superstore
** groß/schreiben – to write with a capital letter
die Großstadt(¨e) – city
der Großteil – large part, most part
großzügig – generous
die Grünanlage(n) – green space
gründen – to found, form
gucken *(ugs.)* – to watch
günstig – favourable
der Gürtel(-) – belt

H

das Hackfleisch – mince(d meat)
das Hafenbecken(-) – dock
haften (an) – to stick (to)
der Haken(-) – hook
der Hals(¨e) – neck, throat
die Halskette(n) – necklace
halt – just
** halten (einen Vortrag) – to give (a talk)
sich handeln um – to be about
die Handkur(en) – hand treatment
das Handy(s) – mobile phone
** hängen (an) – to hang (on)
harmlos – harmlessly
das Harz – resin
harzhaltig – resinous
häßlich – ugly
Haupt- – main, principal
der Hauptdarsteller(-) * – main character, lead
der Haushalt – housekeeping, management
die Hausordnung – house rules/regulations
die Haut – skin
die Hebamme(n) – midwife
der Hebekran(e) – lifting apparatus
der Heiligabend – Christmas Eve
die Heimat – home, country
(mir ist) heiß – (I'm) hot
heiter – fine, cheerful, bright
der Heizkörper(-) – radiator
der Heizungsinstallateur(e) – heating engineer *(m.)*
der Helm(e) – helmet
der Herbergsvater(¨) – youth hostel warden *(m.)*
der Herbst – autumn
herrlich – wonderful
herrschen – to prevail, predominate, be
her/stellen – to manufacture
** herum/gehen – to pass, go by (time)
herum/toben – to romp around
sich ** herum/treiben – to hang around
heruntergestuft werden – to be downgraded
die Herzstörung(en) – heart disorder
hilfsbereit – helpful
hin und zurück – return (there and back)
** hin/fahren – to go there
hin/gehören – to belong, go
hinter – behind
nach hinten – backwards
hinzu/fügen – to add
Hochachtungsvoll – Yours faithfully/sincerely,
** hoch/fahren – go up (escalator/in lift)
die Hochglanzillustrierte(n) – glossy magazine
das Hochhaus(¨er) – tower block
die Hochschulreife(n) – university entrance qualification, A-levels
hoffnungslos – hopeless
der Höhepunkt – high point
sich holen – to get oneself
die Hölle war los – all hell broke loose
das Holz – wood
das Honigkuchenpferd(e) – simpleton
hören – to listen, hear
der/die Hotelfachmann/fachfrau (-fachleute) – hotel management staff
der Hubschrauber(-) – helicopter
die Hüfte(n) – hip
die Hummelbahn(en) – tourist tram
** Humor haben – to have a sense of humour
der Hut(¨e) – hat

I

der Imbiß(-sse) – snack
immer – always
impfen – to vaccinate
der/die Industriekaufmann/kauffrau (-kaufleute) – industrial manager
die Innenstadt(¨e) – town centre
insgesamt – all in all, all together, in total
sich interessieren (für) – to be interested (in)
inzwischen – nowadays
irgendwann – at some point

die Isolierverglasung – double glazing

J

das Jahrhundert(e) – century
der/die Jude(n)/Jüdin(nen) – Jew(ess)
der/die Jugendliche(n) – young person
der Juniormeister(-) * – junior champion

K

die Kabine(n) – phone booth, changing room
der Kaffeesatz – coffee grounds
das Kamillenblütenwasser – camomile flower water
der Kanal(¨e) – channel
kaputt – exhausted, broken
die Kartoffelnase – bulbous nose
das Karussell(s) – roundabout
der Kaufmann im Groß- und Außenhandel – wholesale and export trader *(m.)*
kegeln – to bowl
der Kellner(-) * – waiter/waitress
der Kelte(n) – Celt *(m.)*
** kennen – to know (a person/place)
kennen/lernen – to get to know, meet
das Kennzeichen(-) – registration number
der Kernkraftunfall(¨e) – nuclear accident
die Kerze(n) – candle
der Kindererzieher(-) * – nursery school teacher
der Kinderpfleger(-) * – nursery nurse
die Kirmes(sen) – fair
kitschig – tacky
die Kitschsammlung(en) – collection of kitsch
klappen – to work out, go smoothly
klasse – great, wonderful
das Kleidungsstück(e) – article/piece of clothing
** klein/schneiden – to cut into small pieces
** klein/schreiben – to write in lower case letters
das Klettern – climbing
klingeln – to ring
klopfen (gegen) – to thump, tap (against)
knallbunt – brightly coloured
die Kneipe(n) – pub
der Knoblauch – garlic
der Knochen(-) – bone
der Knopf(¨e) – button
die Knüllprobe – crumple test
das Kohlenhydrat(e) – carbohydrate
der Kokastrauch(¨e) – coca bush
das Konzentrationslager(-) – concentration camp
auf den Kopf stellen – to turn upside down
das Köpfchen *(ugs.)* – brains
** körperlich tätig sein – to be physically active
die Krabbe(n) – prawn
der Kraftfahrzeugmechaniker(-) * – motor mechanic
der Kragen(-) – collar
krallen – to get one's claws into
der Krankengymnast(en) * – physiotherapist
der Krankenschein(e) – medical insurance certificate
die Krankheit(en) – illness, sickness
das Kraul – crawl (swimming)
das Kraut(¨er) – herb
kreisend – circular, circling
das Kribbeln – tingling
der Krieg(e) – war
kriegen – to get
die Kühle – coolness
sich kümmern (um) – to be concerned (with)
der Kumpel – mate, pal
der Kunde(n) – customer
der Kunststoff – plastic
das Kupfer – copper
der Kurs(e) – exchange rate
kurz – short
der Kuß(¨sse) – kiss
die Küste(n) – coast

L

der Laborant(en) * – laboratory assistant
der Lachs – salmon
der Lagerhauskomplex(e) – warehouse complex
lagern – to store
die Landschaft(en) – countryside, scenery
der Landwirt(e) * – farmer
langweilig – boring
der Lärm – noise
** lassen – to let, allow to
lässig – casual
das Laub – leaves
** laufen – to run, go, walk
sich auf dem Laufenden halten ** – to keep up to date
(guter) Laune – in a (good) mood
launisch – moody
ums ** Leben kommen – to lose one's life
der Lebenslauf(¨e) – curriculum vitae
die Leberwurst – liver sausage
der Lebkuchen(-) – gingerbread
das Leder – leather
leer – empty
legen – to put
leicht – easy, easily
es tut mir leid – I'm sorry
** leiden – to stand, bear
** leiden unter – to suffer from
leider (nicht) – unfortunately (not)
das Leinen – linen
leisten – to do (service)
der Leistungskurs(e) – advanced course
leiten – to manage
die Leute *(pl.)* – people
das Licht(er) – light
die Lichterfahrt(en) – illuminated tour
lieb – nice, kind
liebenswert – delightful, lovely
lieber (als) – rather (than)
lieber (machen) – to prefer (to do)
die Liebesgeschichte(n) – love story
Lieblings- – favourite
am liebsten – (like) most, preferably
das Lied(er) – song
liefern – to provide, supply
** liegen – to be (situated)
** liegen bei – to be approximately
** liegen/lassen – to leave (behind)
der Liegeplatz(¨e) – mooring
das Lindenblütenwasser – lime flower water
die Linie(n) – line
der Linienrichter(-) – linesman
das Loch(¨er) – hole
das Lokal(e) – restaurant, eating place
los! – off you go!
die Lösung(en) – solution
** los/ziehen – to set off
die Luft – air
** lügen – to lie
lustig – funny, amusing

Wortschatz

M

die Magenverstimmungen *(pl.)* – stomach upset
die Mahlzeit(en) – meal
mal – just, occasionally
malen – to paint
der Maler(-) * und Lackierer(-) * – painter and decorator
man – one, you
manche *(pl.)* – some, several
manchmal – sometimes
der Mangel – lack, shortage
Maria Himmelfahrt – Assumption
die Masern *(pl.)* – measles
der Maurer(-) * – bricklayer
das Mehl – flour
mehlig – floury
mehrere *(pl.)* – several
die Meinung(en) – opinion
sich melden (bei) – to reply (to)
eine Menge – a lot, a huge amount (of)
die Menschen *(pl.)* – people
mieten – to hire
mindestens – at least
mischen – to blend
die Mischungsberechnung(en) – calculation of the composition (of a mixture)
das Mißtrauen(-) – mistrust
miteinander – with one another
** mit/fahren – to go (along)
das Mitglied(er) – member
zum Mitnehmen – to take (away)
mit/teilen *(+ dat.)* – to inform
die mittlere Reife – GCSEs
** mögen – to like
die Möglichkeit(en) – possibility, opportunity
momentan – at the moment
müde – tired
** müssen – to have to, must
das Muster(-) – pattern
das Mutterkorn – ergot

N

nach – after, to
nach Bedarf – as needed
nach/schauen – to look up
der Nachteil(e) – disadvantage
der Nagel(¨) – nail
nah beieinander – near each other
in der Nähe – nearby
nähen – to sew
die nähere Umgebung – the immediate area
der Nährstoff(e) – nutrient
die Nahrung – nutrition
der Nationalsozialismus – National Socialism
das Naturheilmittel(-) – natural remedy
neugierig – curious
neulich – recently
nichts los – nothing going on
der/die Nichtselbständige(n) – person not able to look after him/herself
nie – never
der Nikolaus – St Nicholas(' Day)
noch – as well, in addition, yet
noch (ein)mal – again
normalerweise – usually, normally
der Notausgang(¨e) – emergency exit
nötig – necessary
der Notruf(e) – emergency call
nützlich – useful

O

ob – whether, if
oben – above
das Oberteil(e) – top
das Obst – fruit
obwohl – although
die Öffnungszeiten *(pl.)* – opening times
öfter – often
ordentlich – orderly, tidy
der Ortsteil(e) – area (of a town)

P

ein paar – a few
das Paar(e) – pair
der Paketschein(e) – parcel form
die Panne(n) – breakdown
das Paragleiten – paragliding
das Parkhaus(¨er) – multi-storey car park
der Parkplatz für LKW/Busse – lorry/bus park
passen *(+ dat.)* – to fit, suit
der Patientenfragebogen(-) – patient questionnaire
peinlich – embarrassing
das Personal – staff
der Personalchef(s) * – personnel director
der Personalleiter(-) * – personnel manager
Pf (Pfennig) – German pfennig
Pfd (Pfund) – pound
das Pflanzenöl – vegetable oil
die Pflege – care
der Pfleger(-) * – nurse
Pflicht- – compulsory
der Pilz(e) – fungus
der Pkw (Personenkraftwagen) – (private) car
der Plastikmüll – plastic rubbish
die Plastiktüte(n) – plastic bag
der Platz(¨e) – pitch
** Platz nehmen – to sit down, take a seat
das Plätzchen(-) – biscuit
plazieren – to place
plötzlich – suddenly
der Po(s) – bottom
der Pokal(e) – cup (sport)
die Pommes (frites) *(pl.)* – fries, chips
populär – popular
das Postamt(¨er) – post office
die Postleitzahl(en) – postcode
die Poststelle(n) – post room
prächtig – magnificent
praktisch – practical
die Präsentation(en) – presentation
die Praxis (Praxen) – practice
der Preis(e) – price
das Preisschild(er) – price label
prima – fantastic, great
pro – per
das Prozent – per cent
prüfen – to check
die Prüfung(en) – examination
prügeln – to beat
psychisch – mental, psychological
der/die Psychologe(n)/Psychologin(nen) – psychologist
der Pudding – thick custard, blancmange
das Pulver – powder
punkt – exactly, precisely
pünktlich – punctual
das Puppenmuseum – dolls' museum
pur – pure
putzen – to clean

Q

der Quark – quark (soft curd cheese)
Quatsch! – nonsense!

R

** rad/fahren – to cycle
das Radieschen(-) – radish
der Radweg(e) – cycle way
rasen – to tear along
den Rasen mähen – to mow the lawn

die Rasierklinge – razor blade
der Rassismus – racism
die Rattenfängergeschichte – Pied Piper legend
rauchen – to smoke
der Raum(¨e) – room
räumen (in) – to put away (in)
der Rauscheintritt(e) – onset of intoxication
das Rauschgift – drug
** raus/gehen – to go out
** raus/lassen – to let out
der Realschulabschluß(¨sse) – secondary school leaving certificate
die Rechnung(en) – bill
rechtzeitig – punctually, on time
reden – to talk
das Reformhaus(¨er) – healthfood store
die Regalwand(¨e) – shelving unit
regelmäßig – regularly
der Reglerstoff(e) – regulatory substance
regnen – to rain
regulieren – to regulate
der Reifendruck – tyre pressure
die Reifenpanne(n) – puncture
die Reihenfolge – order
das Reihenhaus(¨er) – terraced house
rein – pure, complete
reinigen – to clean
die Reinigung(en) – dry cleaner's
** rein/kommen – to come in
die Reise(n) – journey
das Reisebüro(s) – travel agent's
die Reisekrankheit – travel sickness
reisen – to travel
der Reißtest – tear test
der Reißverschluß(¨sse) – zip
** reiten – to ride
die Reitschule(n) – riding school
reparieren – to mend, repair
** reparieren lassen – to get repaired
reservieren – to book
· retten – to save, rescue
der Rettungsdienst(e) – emergency service
richtig – really
die Richtung(en) – direction
das Rindfleisch – beef
die Ringstraße – ring road
das Rodeln – tobogganing
die Rohkost – raw fruit/vegetables
das Rohopium – raw opium
der Rollstuhl(¨e) – wheelchair
die Rolltreppe(n) – escalator
röntgen – to X-ray
der Röntgenassistent(en) * – radiology technician
die Röteln *(pl.)* – German measles, rubella
der Rotkohl – red cabbage
rötlich – reddish
rücken – to move up
die Rückfahrt(en) – return journey
der Ruderverein(e) – rowing club
Ruhe haben – to have some peace and quiet
ruhig – quiet
rum/bummeln – to go for a wander round, stroll around
** rum/hängen – to hang around
rund – approximately
Runden drehen – to do laps
die Rundfahrt(en) – tour
** runter/fahren – go down (escalator/in lift)

S

die S-Bahn – suburban railway
die Saftreste *(pl.)* – leftover juice
sagen – to say
der Sahnejoghurt – full cream yogurt
die Salbe(n) – ointment
salzig – salty
die Salzkartoffel(n) – boiled potato
der Sammelbehälter(-) – container
sammeln – to collect
der Sandkasten(-) – sandpit
der Sänger(-) * – singer
sauber – clean
sauer – sour
der Sauerstoff – oxygen
schade – a pity
der Schäferhund(e) – alsatian (dog)
die Schande – scandal
scharf – spicy, hot, sharp
der Schaschlik(s) – kebab
der Schatten(-) – shadow
der Schatz – dear
die Scheibe(n) – slice
die Scheibenwaschanlage(n) – windscreen washer tank
sich ** scheiden lassen – to get divorced
der Schein(e) – bank note, certificate
schenken *(+ dat.)* – to give (as a present)
die Schichtarbeit – shift work
schick – chic, smart
schicken (nach) – to send (to)
der Schiedsrichter(-) – referee *(m.)*
die Schießbude(n) – shooting gallery
der Schießstand(¨e) – shooting range
die Schiffschaukel(n) – swing boat
der Schinken(-) – ham
das Schinkenbrot(e) – ham sandwich
** schlafen – to sleep
schlagartig – sudden
die Schlagsahne – whipped cream
schlank – slim
schlecht – bad(ly), not well
das Schließfach(¨er) – locker
schließlich – finally
der Schlips(e) – tie
** Schlittschuh laufen – to go ice-skating
das Schloß(¨sser) – castle
der Schluß(¨sse) – end
der Schlüssel(-) – key
schmal – narrow
schmecken *(+ dat.)* – to taste good
der Schmerz(en) – pain
schmerzstillend – analgesic, pain-killing
der Schmetterling(e) – butterfly
das Schmiedemuseum (-museen) – blacksmith's museum
schminken – to make up
der Schmuck – jewellery
schmücken – to decorate
der Schmutz – dirt
(sich) ** schneiden – to cut (oneself)
schnell – quickly, fast
der Schnellimbiß(-sse) – snack bar, fast-food outlet
die Schnittblume(n) – cut flower
das Schnitzel – schnitzel, cutlet
schnuckelig – cute
das Schnüffelkind(er) – young sniffer
der Schnupfen(-) – cold
der Schnurrbart(¨e) – moustache
schockierend – shocking
schon – already
schön – attractive, beautiful, fine
die Schrägwand(¨e) – sloping ceiling
der Schrank(¨e) – cupboard
schrecklich – dreadful(ly)
** schreiben – to write
das Schreibwarengeschäft(e) – stationer's
die Schublade(n) – drawer

schüchtern – shy
das Schuhgeschäft(e) – shoe shop
der Schuhmacher(-) * – cobbler, shoe mender
der Schulabschluß(¨sse) – school leaving certificate
die Schulangst – fear of school
die Schul(aus)bildung – school education
das Schulbrot(e) – sandwich for school
die Schule verlassen ** – to leave school
der Schüler(-) * – pupil, student
das Schulfernsehen – schools television
der Schulhof(¨e) – school yard
die Schulsachen *(pl.)* – school things
der Schulstreß – school stress
die Schulter(n) – shoulder
schulterlang – shoulder length
das Schulzeugnis(se) – school report
die Schüssel(n) – bowl
das Schützenfest(e) – fair with shooting matches
der Schützenkönig(e) * – champion rifleman
der Schützenverein(e) – rifle/shooting club
das Schutzvitamin(e) – protective vitamin
schwach – weak
schwer – difficult, hard, severe
** schwer/fallen *(+ dat.)* – to be difficult (for)
schwierig – difficult
die Schwimmbrille(n) – swimming goggles
** schwimmen – to swim
der Schwimmring(e) – rubber ring
der Schwimmverein(e) – swimming club
sich ** schwören – to promise, swear
der See(n) – lake
das Seeschiff(e) – seagoing ship
der Segelverein(e) – sailing club
** sehen – to see, watch
die Sehenswürdigkeit(en) – sight, place of interest
Sehr geehrte Damen und Herren, – Dear Sirs,
die Seide – silk
** sein – to be
seit – since
seit wann? – since when?, how long?
die Sekundarstufe(n) – secondary education
selbständig – independent(ly), self-employed
selbständig arbeiten – to be self-employed
das Selbstbedienungsrestaurant(s) – self-service restaurant
selbstbewußt – self-confident
selbstgefangen – which we had caught ourselves
seltsam – strange
die Sendung(en) – programme
der Senf – mustard
senkrecht – upright, vertical
die Serie(n) – series, soap opera
servieren – to serve
die Serviette(n) – serviette
der Sessellift(e) – chairlift
das Shoppingrevier(e) – shopping district
sicher – safe
sichten – to catch sight of
das Silber – silver
Silvester – New Year's Eve
Simbabwe – Zimbabwe
** sinken – to sink
das Sitzenbleiben – staying down a year
der Skilanglauf – cross-country skiing
der Skiverleih(e) – ski hire
das Snowboardfahren – snowboarding
(nicht) so ... wie – (not) as ... as
die Sonderabfälle *(pl.)* – problem waste
der Sondermüll – problem refuse
sondern – but
sich sonnen – to sunbathe
der Sonnenbrand – sunburn
sonst – else, otherwise
Sonstiges – other
die Sorte(n) – kind, sort (of)
die Soße(n) – sauce
sowie – as well as
die Sozialwissenschaft/SoWi – social sciences
spannend – exciting
sparen für – to save for
der Spaß – fun
spät – late
spazieren/führen – to take for a walk
die Speicherstadt(¨e) – warehouse city
der Speisesaal(-säle) – dining hall
der Spiegel(-) – mirror
die Spielbank(¨e) – casino
spielen – to play, enact
spielen in – to take place in
der Spielfilm(e) – feature/TV film
das Spielwarengeschäft(e) – toy shop
die Spinne(n) – spider
du spinnst! – you're crazy!
der Spionagefilm(e) – spy film
der Spitzname(n) – nickname
die Spontaneität – spontaneity
der Sportler(-) * – sportsperson, athlete
der Sportverein(e) – sports club
die Sprache(n) – language
sprachlich – language, linguistic
die Spraydose(n)/Sprühdose(n) – aerosol
** sprechen – to speak
die Sprechstunde(n) – consultation
die Spritze(n) – syringe
der Sprudel – fizzy drink/water
spülen – to do the washing up
die Spülmaschine(n) – dishwasher
die Spülmittelflasche(n) – washing-up liquid bottle
spüren – to feel
das Spurenelement(e) – trace element
die Stadt(¨e) – town
die Stadtbesichtigung(en) – (sightseeing) tour of a town
sich stapeln – to pile up
stark – strong, severe
starren – to stare
** statt/finden – to take place
der Stau(s) – traffic jam
der Steckbrief(e) – personal description
stecken – put, stick
steil – steep
der Stein(e) – stone
der Steinmetz(en) – stone mason
die Stelle(n) – job, position
stellen (in/auf) – to put (in/on)
einen Stempel aufdrücken – to make a/one's mark
** sterben – to die
das Sternzeichen(-) – star sign
der Stiefel(-) – boot
der Stift(e) – pen
** still/bleiben – to keep quiet
das stimmt (nicht) – that's (not) true
die Stimmung – atmosphere, mood
** stinken – to stink
die Stirn(en) – forehead

der Stock(werke) – floor, storey
der Stoff(e) – material
stören – to disturb, bother
stottern – to stutter
die Strafe(n) – punishment
der Strand(¨e) – beach
der Streichkäse – cheese spread
sich ** streiten – to fight, have rows
streng – strict
der Streß – stress
stressig – stressful
die Stromrechnung – electricity bill
der Stubenarrest – confined to one's room
das Stück(e) – bit
die Studienzeit – period of study
studieren – to study
das Studium(-ien) – studying, studies
der Stukkateur(e) – decorative plasterer *(m.)*
die Stunde(n) – hour, lesson
der Stundenplan(¨e) – timetable
der Stürmer(-) – forward *(m.)*
suchen – to look for
die Sucht(¨e) – addiction
süchtig – addicted
der Süden – south
südlich (von) – south (of)
süß – sweet
die Süßigkeiten *(pl.)* – sweets, sweet things
der Süßstoff(e) – sweetener

T

das Tabakwarengeschäft(e) – tobacconist's
die Tabelle(n) – table, chart
die Tablette(n) – pill, tablet
der Tag(e) – day
Tag der deutschen Einheit – day of German reunification
das Tagebuch(¨er) – diary
der Tagesablauf – day('s events)
der Tagesausflug(¨e) – day trip
der Tagesbericht(e) – account of the day
täglich – every day, daily
die Taille(n) – waist
der Takt – tact
taktisch – tactically
das Tal(¨er) – valley
tanken – to put (petrol) in the tank
die Tankstelle(n) – petrol station
der Tannenbaum(¨e) – Christmas tree
das Tannenlaub – pine branches
tanzen – to dance
die Tanzfläche(n) – dance floor
das Tanzlokal(e) – bar with dancing
das Tanzverbot(e) – dancing prohibited
tätigen – to make
Technisches Zeichnen – technical drawing
der Teebeutel(-) – teabag
der Teil(e) – part
das Teil(e) *(ugs.)* – thing, contraption
teilen mit – to share with
** teil/nehmen (an) – to take part (in)
die Teilzeitarbeit – part-time work
telefonieren – to phone, make a phone call
der Teller(-) – plate
der Tennisschläger(-) – tennis racquet
der Teppich(e) – carpet
der Teppichboden(¨) – fitted carpet
der Termin(e) – appointment
teuer – expensive
die Textilmustergestalterin(nen) – fabric designer *(f.)*
die Theke(n) – counter, worktop
das Thema (Themen) – theme
tief – deep, large
das Tief(e) – low pressure area
die Tiefkühlkost – frozen food
das Tier(e) – animal
tierisch gut – brilliant, great
** tierlieb sein – to like animals
der Tierpark(s) – zoo
tippen – to type
der Tisch(e) – table
der Tischler(-) * – carpenter, joiner
der Tod(e) – death
toll – great, fantastic
der Tontechniker(-) * – sound technician
das Tor(e) – goal
die Torte(n) – tart, flan, cake
der Torwart(e) – goalkeeper *(m.)*
der/die Tote(n) – dead person
der Totensonntag – Sunday before Advent, on which the dead are commemorated
das Trachtenmodegeschäft(e) – traditional costume shop
** tragen – to wear, carry
die Träne(n) – tear
Tränen lachen (über) – to weep with laughter (about)
transportieren – to transport
sich trauen – to dare
träumen (von) – to dream (about)
der Traumfreund(e) * – ideal boy/girlfriend
traurig – sad
der Treff(s) – meeting
(sich) ** treffen (mit) – to meet (up with)
die Treppe(n) – staircase
die Tribüne(n) – (grand)stand
das Trinkwasser – drinking water
der Tropfen(-) – drop
trotz – in spite of
trotzdem – nevertheless, all the same
der Tschador – Muslim headscarf
die Tschechische Republik – Czech Republic
** tun – to do, put
** tun in – to put in(to)
der Turm(¨e) – tower
der Turnlehrer(-) * – PE teacher
der Turnraum(¨e) – gymnasium
die Tüte(n) – carton, bag

U

u. (und) – and
die U-Bahn – underground (train)
(mir ist) übel – (I feel) sick
üben – to practise
über – above
überall – everywhere
das Überfahrt – crossing
** übergießen (mit) – to cover (with liquid)
überleben – to survive
übernachten – to stay overnight
die Überreste *(pl.)* – remains
** übertreiben – to exaggerate
überzeugen – to persuade
üblich – normal, usual
** übrig/bleiben – to be left (over)
die Übung(en) – exercise
die Uhr – time
die Uhr(en) – watch
um – at (time)
um … zu … – in order to …
umgeben – surrounded
die Umgebung(en) – surrounding area
** um/gehen mit – to deal/work with
der Umkreis – vicinity, area
** um/steigen – to change
die Umwandlung(en) – transformation
die Umwelt – environment
der Umweltschützer(-) * – protector of the environment

die Umweltverschmutzung – environmental pollution
das Umweltzeichen(-) – environmental symbol
unabhängig – independent
unbedingt – absolutely
unbequem – uncomfortable
der Unfall(¨e) – accident
ungefähr – about, approximately
ungenügend – inadequate, unsatisfactory
unheimlich – tremendously
unpraktisch – impractical
unregelmäßig – irregular(ly)
unter – below
untereinander – between them
das Untergeschoß – basement, lower ground floor
sich ** unterhalten (mit) – to converse, speak, talk (to)
das Unterhaltungsprogramm(e) – light entertainment programme
der Unterkiefer(-) – lower jaw
** unternehmen – to undertake, do, make
unternehmungslustig – adventurous, enterprising
der Unterricht – teaching
** unterscheiden – to distinguish, recognise
** unterschreiben – to sign
der Untersetzer(-) – mat, coaster
untersuchen – to examine
unterwegs – on the way
unverändert – unchanged
unzertrennlich – inseparable
der Urlaub(e) – holiday
das Urlaubsziel(e) – holiday destination
ursprünglich – originally
usw. (und so weiter) – etc., and so on

V

der V-Ausschnitt(e) – V-neck
vage – vague
sich verabschieden (von) – to say goodbye to
veranstalten – to organise
verantwortlich – responsible
verarbeiten – to make into
verbessern – to improve
** verbinden – to connect
die Verbindung(en) – connection
verboten – forbidden
** verbringen – to spend
verdienen – to earn
der Verein(e) – club
vereinbaren – to arrange
zur Verfügung stehen – to be available
die Verführung – seduction
** vergessen – to forget
das Vergnügungsviertel(-) – entertainment district
verheiratet (mit) – married (to)
die Verkalkung – furring up, calcification
verkaufen – to sell
sich verkaufen lassen ** – to sell
der Verkäufer(-) * – salesman/woman
der Verkaufsleiter(-) * – sales manager
der Verkehr – traffic
der Verkehrsunfall(¨e) – road accident
sich verkleiden – to dress up
verknallt (in) – in love (with)
** verlassen – to leave, go out of
sich verlieben (in) – to fall in love (with)
** verlieren – to lose
** vermeiden – to avoid
vermischen – to mix
vermissen – to miss
vermuten – to suspect
verreisen – to travel
der/die Verrückte(n) – mad person
verrühren – to stir
die Versammlung(en) – meeting
verschieden – different, various
der Verschluß(¨sse) – (bottle) top
verschossen (in) – crazy (about)
** verschwinden – to disappear
** versehen – to provide, give
versichert – insured
** versinken – to sink, go down
die Versorgung – supply
** versprechen – to promise
das Verständnis – understanding
verstauben – to get dusty
verstecken – to hide
** verstehen – to understand
sich ** verstehen (mit) – to get on (with)
verstopft – jammed, blocked
verstreut – scattered, strewn
versuchen – to try
verteilen – to distribute
der Vertreter(-) * – representative
verursachen – to cause
der/die Verwandte(n) – relation, relative
verwaschen – faded
die Verwendung(en) – use
verwöhnen – to spoil (child)
sich ** verziehen (in) – to move (into)
der Video(s) – video
Videospiele spielen – to play video games
viel(e) – a lot (of), many
vielseitig – varied
Viertel vor/nach … – a quarter to/past …
der Visagist(en) * – beautician
das Volksfest(e) – traditional festival
die Volkstracht(en) – traditional costume
das Vollkornbrot – wholemeal bread
die Vollpension – full board
voll/stopfen – to fill
voll/tanken – to fill the tank
der Volltreffer(-) – big hit
von … bis … – from … to …
von innen und außen – inside and out
von oben bis unten – from top to bottom
vor – before, in front (of)
im voraus – in advance
** vorbei/fahren – to drive past
vor/bereiten – to prepare
vorgestern – the day before yesterday
** vor/haben – to intend (to do), have in mind
vorher – before, previously
vorig – previous
** vor/kommen *(+ dat.)* – to seem (to)
vormittags (vorm.) – in the morning
vornehmlich – principally
der Vorort(e) – suburb
vorsichtig – careful
** vor/singen – to sing in front of people
vorstellbar – imaginable, conceivable
das Vorstellungsgespräch(e) – job interview
der Vorteil(e) – advantage
der Vortrag(¨e) – talk
** vor/tragen – to recite

W

der Wagen(-) – trolley
wählen – to vote
das Wahlfach(¨er)/WL – optional subject
das Wahlpflichtfach(¨er)/WP – (compulsory) optional subject

der Wahlspruch(¨e) – motto, watchword
während – while, during
** wahr/haben – to believe, admit to be true
wahrscheinlich – probably
das Wahrzeichen(-) – emblem, symbol
der Wald(¨er) – wood
wandern – to hike, ramble
die Wanderung(en) – hike, ramble
die Wange(n) – cheek
wann? – when?
die Waren *(pl.)* – goods
warten – to wait
der Wartesaal(-säle) – waiting room
warum? – why?
was? – what?
was für? – what sort of?
die Waschanlage(n) – car-wash
die Waschanlagen *(pl.)* – washing facilities
der Waschlappen(-) – flannel
die Wasserratte(n) – 'water-baby'
wechseln – to change
der Wecker(-) – alarm clock
sich einen Weg bahnen – to force one's way
wegen – because of
der Wegweiser – (store) guide
** weh tun – to hurt
weiblich – female
Weihnachten – Christmas
weil – because
der Wein(e) – wine
weinen – to cry
die Weinkönigin(nen) – wine queen
weiß nicht – don't know
weit – wide, baggy, loose
weit – a long way, far
weit von ... entfernt – far from ...
weiter – further, other
welche(r/s)? – which?
das Wellenbad(¨er) – wave pool
wellig – wavy
die Welt – world
weltbekannt – world-famous
die Weltmeisterschaft(en) – world championship
die Weltrangliste(n) – world ranking list
wenig(e) – not much/many, few
wenn – when, whenever, if
wer? – who?
der Werbeleiter(-) * – advertising manager
die Werbung(en) – advertisement, advertising
** werden – to be, become
das Werken – crafts and technology
die Werkstatt(¨en)/Werkstätte(n) – garage, workshop
wertvoll – valuable
der Wettbewerb(e) – competition
der Wetterbericht(e) – weather report
der Wettkampf(¨e) – competition
wichtig – important
wie bitte? – pardon? sorry?
wie geht es dir/Ihnen? – how are you?
wie heißt/heißen ... ? – what is/are ... called?
wie lange? – how long?
wie schreibt man ...? – how do you spell ...?
wie viele? – how many?
wieder – again
wiederholen – to repeat
auf Wiederhören – goodbye (on phone)
wieviel? – how much?
das Willkommen – welcome
die Windschutzscheibe(n) – windscreen
wirken – to have an effect, give the impression of being
der Wirkstoff(e) – active substance
die Wirkung(en) – effect
die Wirtschaftslehre – economics
der Wirtschaftsprüfer(-) * – accountant
** wissen – to know (how to)
witzig – funny
wo? – where?
wohin? – where (to)?
sich wohl fühlen – to feel well
wohnen (bei/in) – to stay, live (with/in)
der Wohnort(e) – place of residence
wolkig – cloudy
die Wolle – wool
wollen – to want (to)
das Wort(¨er) – word
das Wörterbuch(¨er) – dictionary
das Wunder(-) – miracle, wonder
sich wünschen – to want, wish for

Z

zahlen – to pay
der Zahnarzt(¨e) – dentist *(m.)*
die Zehe(n) – toe
der Zeichentrickfilm(e) – cartoon, animated film
zeigen – to show
zur Zeit – at present, at the moment
der Zeitraum(¨e) – period of time
die Zeitschrift(en) – magazine, periodical
die Zeitung(en) – newspaper
die Zeitungsanzeige(n) – newspaper advertisement
die Zeitverschwendung – waste of time
das Zelt(e) – tent
das Zentrum(-tren) – centre
zerdrücken – to mash
zerknüllt – crumpled
zerstören – to destroy
der Zettel(-) – chit, piece of paper
das Zeugnis(se) – report
** ziehen – to pull
** ziehen (durch/nach) – to move (through/to)
ziemlich – rather, quite
die Zitrone(n) – lemon
der Zivildienst – community (as alternative to military) service
der Zivildienstleistende(n) – man doing community (as alternative to military) service
zollfrei – duty-free
die Zubereitung – preparation
zufrieden – pleased, satisfied
zu/führen *(+ dat.)* – to bring, contribute (to)
das Zuhause – home
zu/hören – to listen
die Zukunft – future
zukünftig – future
zunächst – first
die Zunge(n) – tongue
zurück – back
zurück/kehren (nach) – to return (to)
** zurück/lassen – to leave behind
zusammen – together
die Zusammenarbeit – working together
der Zuschlag(¨e) – supplement
der Zustand(¨e) – state
zutapeziert – completely covered
die Zutaten *(pl.)* – ingredients
die Zuwendung – care, attention
das zweite Frühstück – mid-morning snack, elevenses
der Zwiebelmarkt(¨e) – onion market

Aufforderungen ■ Instructions

Achte auf die Reihenfolge!	Pay attention to the word order.
Begründe deine Antwort!	Give reasons for your answer.
Bereite (deine Antworten) vor.	Prepare (your answers).
Berichte ... über/von ...	Tell ... about ...
Beschreib ...	Describe ...
Bilde(t) Sätze/Dialoge.	Make sentences/dialogues.
Diskutiert ...	Discuss ...
Du mußt ...	You have to ...
Entwirf ...	Prepare ...
Erfinde ...	Invent ...
Erklär deinem Partner/deiner Partnerin ...	Explain to your partner ...
Erzähl einem Freund/einer Freundin ...	Tell a friend ...
Erzählt euch gegenseitig ...	Tell each other ...
Finde(t) Gegensatzpaare.	Find contrasting pairs.
Finde(t) vier Unterschiede heraus.	Find four differences.
Findest du ...?	Do you find ...?
Frag deinen Nachbarn/deine Nachbarin!	Ask your neighbour.
Fragt euch gegenseitig:	Ask each other:
Fülle/Füllt (das Formular) aus.	Fill in (the form).
Gib eine genauere Erklärung.	Give a more detailed explanation.
Gib eine schriftliche Beschreibung.	Give a written description.
Habt ihr das richtig gemacht?	Did you do it right?
Hinterlasse eine Mitteilung auf dem Anrufbeantworter.	Leave a message on the answering machine.
Hör zu!	Listen.
Interviewt euch gegenseitig.	Interview each other.
Jetzt bist du dran.	Now it's your turn.
Kannst du dir/Könnt ihr euch ... ausdenken?	Can you think of ...?
Kennst du/Kennt ihr ein Wort nicht?	Is there a word you don't know?
Könnt ihr euch weitere (Schulfächer) überlegen?	Can you think of other (school subjects)?
Kopiere das Formular/den Fragebogen.	Copy the form/questionnaire.
Lest den Text (abwechselnd) vor.	Read the text out (in turns).
Lies den Text durch.	Read through the text.
Mach eine Liste.	Make a list.
Mach eine Umfrage.	Do a survey.
Mach eine Zusammenfassung von dem Text.	Make a summary of the text.
Mach Notizen und schreib sie auf.	Make notes and write them up.
Machen sie das gern oder nicht?	Do they like doing that or not?
Marktforschung	Market research
Meinst du, daß ...?	Do you think ...?
Mit welchen Sätzen bist du einverstanden, und welche findest du falsch?	Which sentences do you agree with, and which do you think are wrong?
Nenne/Nennt drei ...	Name three ...
Nimm ... auf Kassette auf.	Record ... on cassette.
Ordne sie den Hotels und Büros zu.	Match them to the hotels and offices.
Phantasiespiel	Imagination game
Rollenspiel	Role-play
Satzbildung	Sentence-building
Schau mal im Wörterbuch nach!	Look it up in the dictionary.
Schicke ein Fax.	Send a fax.

Schreib (das Formular) ab.	Write out (the form).
Schreib den Brief um.	Adapt the letter.
Schreib einen Bericht/eine Kritik/einen Vortrag.	Write a report/review/presentation.
Schreib es/die Antworten auf.	Write it/the answers down.
Sieh das Schaubild an.	Look at the graph.
Sind sie dafür oder dagegen?	Are they for or against?
Stell die Frage an ...	Ask ... the question.
Stell(t) ... zusammen.	Put ... together.
Stellt euch gegenseitig die Fragen:	Ask each other the questions:
Suche ...	Look for ...
Trag(t) sie in die Listen ein.	Add them to the lists.
Übersetze ... ins Englische.	Translate ... into English.
Vergleich (deine Ergebnisse) mit ...	Compare (your results) with ...
Vergleicht eure Listen.	Compare your lists.
Vervollständige die Sätze/den Text.	Complete the sentences/text.
Wähl (eine Aufgabe) aus.	Choose (an activity).
Warum?	Why?
Was fällt euch an ... auf?	What strikes you about ...?
Was fehlt?	What's missing?
Was findest du besser?	What do you prefer?
Was für ... sind das?	What sort of ... are they?
Was hast du/haben sie gemacht?	What did you/they do?
Was machen sie?	What are they doing?
Was machen sie (nicht) gern?	What do(n't) they like doing?
Was meinst du/meint ihr?	What do you think?
Was möchtest du machen?	What would you like to do?
Was sagst du?	What do you say?
Was weißt du über ...?	What do you know about ...?
Was würde er/sie lieber (machen)?	What would he/she rather (do)?
Was würden sie sagen?	What would they say?
Was würdest du am liebsten (machen)?	What would you most like (to do)?
Was würdest du empfehlen?	What would you recommend?
Was würdest du ihm/ihr sagen?	What would you say to him/her?
Welches Bild gehört zu welchem Text?	Which picture belongs to which text?
Wem gehören die Gegenstände?	Who do the things belong to?
Wer spricht?	Who's speaking?
Wie findest du/findet ihr ...?	What do you think of ...?
Wie findet er/sie ...?	What does he/she think of ...?
Wie geht die Geschichte weiter?	How does the story continue?
Wie heißen ...?	What are ... called?
Wie heißen die Pluralformen?	What are the plural forms?
Wie hießen die Fragen?	What were the questions?
Wie schreibt man das?	How is that spelt?
Wie sieht es bei dir/euch aus?	How is it with you?
Wie viele von den Bildern könnt ihr nennen?	How many of the pictures can you name?
Wiederholung	Revision
Wo befinden sich die Gegenstände?	Where are the items?
Woher weißt du das?	How do you know that?
Zeichne ein Schaubild.	Draw a graph.
Zu zweit.	In pairs.

Acknowledgements

The author would like to thank Linda Atkinson, Joy Avery, Uschi Buß, Britta Lesny, Karl Franz, Heinrich Payr; Matthias Kontny of Wyrwas Tonstudio in Braunschweig, Matthias Stanze and the students of the Martino-Katharineum in Braunsweig; and especially the editors, Naomi Laredo and Katie Lewis, for their help in writing this course.

The author and publishers would like to thank the following for permission to reproduce copyright material:
Music: Peter Kreuder/Lyrics: Günther Schwenn, © 1936 by Edition Meisel & Co. GmbH p.15 Wenn die Sonne hinter den Dächern; Esprit pp.36–7; S. Fischer Verlag GmbH p.50, p.56, pp106–7 extracts from Anne Frank Tagebuch; Centrale Marketing-Gesellschaft der deutschen Agrarwirtschaft mbH pp.78–9, pp.84–5 recipes; Kaufhof Warenhaus AG p.98 store guide; Gesamtschule Geistal pp.114–5 extracts from school magazine Geistertaler; Hotel am Park, Mönchen-Gladbach pp.134–5; Hamburger Hummelbahn Betriebsgesellschaft mbH p.138

Every effort has been made to contact copyright holders of material in this book. Any omissions will be rectified in subsequent printings if notice is given to the publishers.

Photographs were provided by: Action Plus pp.64–65 (All photos); J. Allen Cash p.22 (bottom left and right), p.56 (Drehregal), p.126; Barnaby's Picture Library p.47 (top right, bottom); Bildagentur Geduldig p.71 (top, middle); Karl Franz pp.120–1; Sally and Richard Greenhill p.8; Robert Harding Picture Library p.22 (top right), p.42, p.68 (All photos), p.101, p.105; Hulton Deutsch p.56 (Statue); Hutchison p.67 (Olympiapark), p.73; Image Bank p.138; Impact/Piers Cavendish p.51; Kobal p.75, p.119; Mainbild p.71 (bottom); Smallprint p.79; Topham Picturepoint p.50 (Diary), p.67 (Frauenkirche), p.72, p.105, p.118; Zefa p.22 (top left), p.23 (right), p.47 (top left), p.58 (top)

Remaining photos are by Chris Ridgers and Rosi McNab